Nora Kreft

Was ist Liebe, Sokrates?

NORA KREFT

Was ist Liebe, Sokrates?

Die großen Philosophen über das schönste aller Gefühle

Mit 19 Abbildungen von Martina Frank

PIPER

Mehr über unsere Autoren und Bücher:
www.piper.de

MIX
Papier aus verantwortungsvollen Quellen
FSC® C014496
FSC
www.fsc.org

ISBN 978-3-492-05911-4

Illustration: Martina Frank, München
Satz: Fotosatz Amann, Memmingen
Gesetzt aus der Georgia 10/13˙
Litho: Lorenz & Zeller, Inning am Ammersee
Druck und Bindung: GGP Media GmbH, Pößneck
Printed in Germany

Für Emanuel

Inhalt

Vorwort

Die Liebe stellt regelmäßig unser Leben auf den Kopf. Man kann nicht nebenbei lieben und ansonsten weitermachen wie bisher: Liebe verändert uns von Grund auf, verwandelt Sehnsüchte und Wünsche, und auch unsere Wahrnehmung. Wir sehen und hören anders, wenn wir lieben, weil unsere Aufmerksamkeit einen neuen Fokus hat. Kein Wunder, dass gerade der Beginn der Liebe sehr verwirrend und anstrengend sein kann. Alle Gedanken kreisen auf einmal um den Liebsten oder die Liebste, und man hofft nichts sehnlicher, als dass man zurückgeliebt wird. Das macht ziemlich verletzlich, nicht nur anfangs, sondern überhaupt: Liebende gewöhnen sich nicht wirklich an die Liebe und werden mit der Zeit nicht weniger verletzlich. Wenn man zum Beispiel eine Person verliert, die man liebte, ist es nicht leicht, weiterhin jeden Tag aufzustehen und weiterzuleben. Es ist, als ob uns erst die Liebe erklärt, was Sterben eigentlich bedeutet und was Alleinsein ist.

Liebe überkommt uns manchmal plötzlich und manchmal bahnt sie sich langsam an, aber in jedem Fall entzieht sie sich unserer direkten Kontrolle. Sie mischt sich zwar in unsere Entscheidungen ein, zumindest in die wichtigen, aber zur Liebe selbst kann man sich nicht einfach entscheiden. Man kann sich zu ihr bekennen oder nicht, man kann versuchen, die Schar von Gefühlen und Wünschen zu ignorieren, die sie mit sich bringt, aber ob man überhaupt liebt, liegt nicht einfach in unserer Hand, und das gilt für romantische Liebe ebenso wie für Elternliebe, Geschwisterliebe, tiefe Freundschaft und so weiter.

Wenn sie uns so verändert und verletzlich macht und wir sie noch nicht einmal selbst in der Hand haben, warum sehnen wir uns trotzdem nach Liebe? Was ist das Besondere an ihr? Warum würden die meisten sogar lieber unglücklich als überhaupt nie lieben? Warum versuchen wir sie in unzähligen Liedern in Worte zu fassen? Warum ist es überhaupt so schwer, die richtigen Worte für Liebe zu finden? Warum vertun wir uns so oft dabei und setzen immer wieder an?

Weil Liebe so ein erstaunliches Phänomen ist und weil es sie schon seit Anfang der Menschheit zu geben scheint – auf jeden Fall seit Beginn der von Menschen dokumentierten Geschichte –, hat sich auch die Philosophie schon immer Gedanken über Liebe gemacht. Große Philosophen und Philosophinnen aus allen Jahrhunderten haben sich gefragt, was romantische Liebe, Elternliebe, Geschwisterliebe und tiefe Freundschaft gemeinsam haben, was sie eigentlich alle zu Liebe macht, und kluge Ideen zu Papier gebracht. Wäre es nicht ungemein spannend, wenn sie durch die Zeit reisen und unsere Fragen zur Liebe mit uns diskutieren könnten? Die grundlegenden Fragen, die sich allen Menschen schon immer gestellt haben, aber auch über die Themen, die uns im Augenblick ganz besonders angehen und die Ausdruck unserer Zeit und Kultur sind – Dating Apps, Liebe und künstliche Intelligenz, und so weiter?

In den folgenden zehn Kapiteln spinne ich dieses Gedankenspiel weiter. Acht Philosophinnen und Philosophen treffen aufeinander, und zwar in Immanuel Kants Haus in Königsberg, also im heutigen Kaliningrad. Es sind historische Figuren aus ganz verschiedenen Zeiten, die Wesentliches zur Philosophie der Liebe beigetragen haben: Sokrates aus der klassischen Antike, Augustinus aus deren Endphase und dem beginnenden Mittelalter, Immanuel Kant aus dem 18. und Søren Kierkegaard aus dem 19. Jahrhundert, Sigmund Freud und Max Scheler aus der ersten und Simone de Beauvoir und Iris Murdoch aus der zweiten Hälfte des 20. Jahrhunderts. Sie kommen zusammen, weil Immanuel Kant eine mysteriöse Einladung verschickt hat. Früher lud er häufig zu sich ein, aber irgendwann wurde es still um ihn. Jetzt taucht er plötzlich aus der Versenkung auf und will über Liebe reden. Dem historischen Immanuel war die Liebe moralisch suspekt. Der Immanuel in diesem Buch will das Thema noch einmal aufrollen und seine sieben Gäste sollen ihn dabei unterstützen.

Dabei geraten sie natürlich in alle möglichen Diskussionen: Darüber, was Liebe eigentlich ist, ob Liebe Gründe hat, wie man erklären kann, dass Liebende ihre Geliebten für unersetzbar halten und nicht einfach gegen ähnliche oder irgendwie »bessere« Kandidaten austauschen würden. Was Liebe mit Hormonen zu tun hat, ob man Roboter lieben kann, was Sex mit Robotern womöglich mit uns macht. Ob sich Liebe und Autonomie gegenseitig ausschließen oder gar beflügeln, warum Liebe glücklich (und manchmal auch schrecklich unglücklich) macht, ob es ein Recht auf Liebe gibt. Ob man Liebe üben kann, was es mit Liebespillen auf sich hat, wie Dating Apps zu beurteilen sind, und vieles mehr. Die Diskutanten bewegen sich also hin und her zwischen den zeitlosen Fragen und den akuten Themen von heute.

Nicht alles, was die acht Personen hier sagen, kann ihren historischen »Geschwistern« zugeschrieben werden. Einfach weil diese Geschwister noch nicht wirklich über Sexroboter und Dating Apps nachgedacht haben. Aber auch weil die Personen im Buch manchmal ihre Meinung ändern, wie es in Diskussionen so üblich ist. Sie starten von den jeweiligen Positionen aus, die sie mitbringen, aber sie lassen sich auch von den anderen Teilnehmerinnen und Teilnehmern beeinflussen, wenn diese überzeugende Gegenargumente haben. Und manchmal beschreiten sie ganz neue Pfade.

Ich hoffe, dass ihre Einfälle Lust aufs Mitdenken machen. Die heutige Philosophie der Liebe braucht nämlich dringend Mitdenkende. Einerseits weil sie noch relativ jung ist: Die Philosophie der Liebe ist erst kürzlich wieder verstärkt ins Blickfeld geraten und es gibt viel innovative neue Forschung – unsere acht Diskutanten werden davon einiges erörtern. Und andererseits weil Liebe in unseren politisch turbulenten Zeiten ein wichtiges Thema ist. Obwohl Liebe mit der ihr eigenen, intensiven Fixierung auf eine bestimmte Person beginnt, öffnet sie doch auch den Blick für die fundamentale Unersetzbarkeit aller Menschen und weckt einen Sinn für Gerechtigkeit. Außerdem setzt die Liebe alle möglichen Kräfte frei: Liebende sind erfinderisch, geben nicht schnell auf. Das müssen wir uns zunutze machen, um die großen Aufgaben unserer Zeit anzugehen.

Denken und Liebe werden einander manchmal entgegengesetzt. Die Liebe sei reines Gefühl und als solches weit von Nachdenken entfernt, heißt es. Aber Gefühle sind meines Erachtens selbst verdichtete Gedanken über die Welt. Und was noch wichtiger ist: Liebe *inspiriert* uns zum Denken. In Platons Dialog *Phaidros* erklärt Sokrates, dass eine andere Person zu lieben (unter anderem) bedeutet, mit ihr philosophieren zu wollen. Und dass die Philosophie dieses Motiv braucht, weil die Liebe zu einer anderen Person unsere Liebe zur Weisheit erst entfacht. Wenn er recht hat, ist Liebe nicht einfach ein wichtiges Thema der Philosophie neben anderen, sondern Liebe und Philosophie sind aufeinander angewiesen: Liebe drückt sich im Philosophieren aus, und das Philosophieren kann ohne Liebe gar nicht beginnen. Also ohne die Liebe zu einer anderen Person nicht.

Das sind natürlich starke Thesen und wir müssen sie näher untersuchen, bevor wir sie richtig verstehen können. Trotzdem habe ich das Gefühl, dass sie etwas Wahres ausdrücken. Liebe ist zentral mit dem menschlichen Verlangen verknüpft, sich selbst und die Welt zu verstehen. Liebende wollen gemeinsam darüber nachdenken, wie sie leben wollen, und was sie glauben sollen und hoffen dürfen – auch wenn das nicht immer bewusst oder explizit geschieht. Möglicherweise ist das gemeinsame Philosophieren der acht Denkerinnen und Denker in diesem Buch also selbst ein Ausdruck von Freundschaft, ein Praktizieren der Liebe.

Nora Kreft im August 2019

Die philosophische Tischgesellschaft

Sokrates

Sokrates kommt aus Athen. Er wurde 469 v. Chr. geboren und verbrachte den Großteil seines Lebens auf den Marktplätzen der Stadt, um die Passanten in philosophische Diskussionen zu verwickeln. Insbesondere trieb ihn um, wie man leben sollte. Er meinte, dass ein unhinterfragtes Leben nicht lebenswert sei. Und es war ihm wichtig zu betonen, dass er eigentlich gar nichts wisse. Weil er sich seines Unwissens bewusst war, soll das Orakel von Delphi gesagt haben, niemand sei weiser als Sokrates. Im Jahr 399 wurde er zum Tode verurteilt, weil er angeblich die Götter verhöhnt und die Jugend verführt hatte. Er war mit Xanthippe verheiratet, die beiden hatten mehrere Kinder.

Sokrates' berühmtester Schüler war Platon, der nach den Ereignissen von 399 begann, philosophische Dialoge zu schreiben, in denen Sokrates als Hauptfigur auftritt. Drei dieser Dialoge handeln speziell von Liebe: Der *Lysis*, ein früher Dialog, in dem Sokrates mit zwei Kindern über ihre Freundschaft und das Verhältnis zu ihren Eltern spricht; das *Symposion*, das bei dem Dichter Agathon spielt und in dem eine Reihe bekannter Intellektueller Reden über *Eros*, den Gott der Liebe, halten; und der *Phaidros*, in dem Sokrates mit dem schönen Phaidros bespricht, ob Liebe für die Liebenden gut ist oder nicht. Eine wiederkehrende Idee ist, dass die Liebe zu anderen Menschen in dem Begehren nach Weisheit gründet.

Augustinus

Augustinus wurde 354 n. Chr. in Tagaste im heutigen Algerien geboren. Seine *Bekenntnisse* – ein langes Gebet und gleichzeitig Autobiografie – sind in zwei Teile geteilt. Im ersten Teil schildert er sein umtriebiges, intellektuelles Leben und seine inneren philosophischen Nöte bis zu seiner Bekehrung zum Christentum im Jahr 386. Im zweiten Teil geht es um philosophische Fragen wie: Was ist Zeit?, Wie kann ich mich selbst und wie kann ich

Gott erkennen, und wie hängt das zusammen? 396 wurde er Bischof von Hippo und blieb es bis zu seinem Lebensende im Jahr 430. Die Liebe ist ein wiederkehrendes und zentrales Thema in vielen seiner Werke: Er untersucht, in welchem Sinne Gott Liebe ist, was es bedeutet, Gott und den Nächsten zu lieben, und wie sich diese Liebe zu Freundschaft und erotischen Beziehungen verhält. Ein berühmter Ausspruch von Augustinus ist: »Liebe – und tu, was du willst!« Vor seiner Bekehrung lebte er viele Jahre mit einer Frau zusammen, die er wohl sehr geliebt hat. Die beiden hatten einen Sohn.

Immanuel Kant

Immanuel Kant wurde 1724 in Königsberg geboren, ist 1804 in Königsberg gestorben und hat die Stadt zwischenzeitlich so gut wie nie verlassen. Seine drei *Kritiken* – die *Kritik der reinen Vernunft*, die *Kritik der praktischen Vernunft* und die *Kritik der Urteilskraft* – gehören zu den wichtigsten Werken der Philosophiegeschichte, eine Art »kopernikanischer Wende« der Philosophie. Über Liebe hat er erstaunlich wenig geschrieben, möglicherweise weil sie ihm moralisch dubios erschien. Die exklusive Liebe in erotischen Beziehungen nennt er in einigen Schriften rein »pathologisch«

und zählt sie zu den Neigungen, die nicht als Beweggründe für moralisches Handeln infrage kommen. In späteren Schriften scheint er den moralischen Status der Liebe aber auf einmal anders und positiver zu sehen, und es ist eine interessante Frage, ob er seine Meinung geändert hat. Er war nie verheiratet und hatte keine Kinder, aber er hat gern und oft zu sich eingeladen und mit Freunden Wein getrunken.

Søren Kierkegaard

Søren Kierkegaard wurde 1813 in Kopenhagen geboren. Viele seiner philosophischen Werke sind literarisch eingebettet: Fiktive Figuren halten innere Monologe, erklären und winden sich, schreiben Briefe. Aber die Schrift, die sich ausschließlich mit Liebe befasst – *Die Taten der Liebe* –, ist unter seinem eigenen Namen und ohne literarische Distanzierung geschrieben. Es geht um das Verhältnis von christlicher Liebe und Ewigkeit, und um die transformative Kraft der Liebe. Sie ist aber auch eine Kritik der bürgerlichen Ehe und überhaupt von exklusiven erotischen Beziehungen, die in ihrer Schwärmerei oft selbstbezogen sind und in denen die Liebe deshalb nicht wirklich zur Entfaltung kommt. Vielleicht waren es unter anderem Gedanken wie diese, die Kierkegaard bewogen haben, seine Verlobung mit Regine Olsen zu beider tiefem Leid wieder aufzulösen. Nach Regine hat er nie wieder eine Beziehung geführt. 1855 starb er viel zu früh an einem Schlaganfall.

Sigmund Freud

Sigmund Freud wurde 1856 in Freiberg im heutigen Tschechien geboren und lebte später in Wien. Er war Neurologe und Begründer der Psychoanalyse, einer Heilungsmethode für psychische Leiden, bei der unbewusste Wünsche und Gedanken zutage treten und damit ihren Bann verlieren sollen. Zentrale psychologische Begriffe wie »das Unbewusste«, »Projektion«, »Verdrängung« und »Sublimierung« gehen auf ihn zurück. In seinen *Drei Abhandlungen zur Sexualtheorie* meint er, dass der Libido-Trieb die zentrale Erklärung für menschliches Verhalten ist. In seinem späteren Werk *Jenseits des Lustprinzips* ist die Libido nicht mehr reines Luststreben, sondern ein Trieb nach Leben, Entwicklung, Verstehen – er nennt sie jetzt *Eros*. Neben *Eros* gibt es aber noch einen ähnlich starken Trieb, der Stillstand will, nämlich den Todestrieb. 1938 flohen Freud und seine Familie vor den Nazis aus Wien nach London, wo er nur ein Jahr später starb. Seine Frau Martha Bernays und er hatten sechs Kinder. Insbesondere mit seiner Tochter, der Psychoanalytikerin Anna Freud, verband ihn eine innige Freundschaft.

Max Scheler

Max Scheler wurde 1874 in München geboren und war später Professor für Philosophie und Soziologie in Köln. In seinen Werken *Die Materiale Wertethik* und *Wesen und Formen der Sympathie* vertritt er die Position, dass es objektive Werte gibt, die wir mithilfe von Gefühlen erkennen können. Die Liebe ist aber nicht einfach nur Erkenntnis eines Wertes im Geliebten. Vielmehr charakterisiert er sie als eine Bewegung hin zu einem höheren Wert im Geliebten, der ihm bereits vorgezeichnet, aber noch nicht aktual geworden ist. Liebe hilft dabei, diesen Wert zu aktualisieren. Allgemein betrachtet er Liebe und Hass als die fundamentalen Beweggründe menschliches Handelns. Er selbst hat einige Male geheiratet und wurde dafür von der katholischen Kirche kritisiert, von der er sich in Folge wieder distanzierte. Zuvor war er 1916 vom Judentum zum Katholizismus konvertiert. Er hatte auch einen Sohn. 1928 starb er sehr jung in Frankfurt.

Simone de Beauvoir

Simone de Beauvoir wurde 1908 in Paris geboren. Nach Bestleistungen in ihrem Studium an der *Sorbonne* und der *École Normale* war sie Lehrerin, freie Schriftstellerin und existenzialistische Philosophin. In ihrem Werk *Das andere Geschlecht* schreibt sie unter anderem über die Gefahr, die Liebe für Frauen in patriarchalen Verhältnissen darstellt. Weil Frauen im Patriarchat ihre Begabungen nicht ausleben können, sehen sie in der Liebe oft einen Ausweg für ihre Frustrationen: Sie hängen sich an einen Mann, der an ihrer Stelle frei lebt und denkt, während sie ihre eigene Geschichte von ihm schreiben lassen. Deshalb ist es für Frauen womöglich besser, keine konventionellen Beziehungen zu führen, sondern entgegen allen Hindernissen ihre eigene Selbstständigkeit zu behaupten. De Beauvoir hat deshalb auch nie geheiratet, sondern führte eine offene Beziehung mit ihrem Lebensgefährten Jean-Paul Sartre. Als sie 1986 starb, wurde sie neben ihm begraben.

Iris Murdoch

Iris Murdoch wurde 1919 in Dublin geboren. Sie lehrte Philosophie in Oxford zusammen mit anderen Philosophinnen wie Elizabeth Anscombe und Philippa Foot. Anders als ihre Kolleginnen schrieb sie nicht nur theoretische Abhandlungen, sondern wurde vor allem durch ihre Romane bekannt. Die Liebe ist ein wichtiges philosophisches und literarisches Thema für sie: Durch die Liebe lichten sich die Schleier vor unseren Augen, die unser »fettes und unerbittliches Ego« sonst um sie wickelt und die uns davon abhalten, andere richtig zu sehen. Liebe bedeutet, den Geliebten richtig zu sehen, ihm gerecht zu werden. Dieses von ihr so genannte »Unselfing« kann man üben, zum Beispiel bei dem Versenken in ein Kunstwerk. Iris Murdoch war mit John Bayley verheiratet, der nach ihrem Tod 1999 eine inzwischen verfilmte Elegie über ihre letzten Jahre geschrieben hat. Sie führte eine offene Beziehung mit ihm und liebte viel und leidenschaftlich, Frauen so wie Männer.

Kapitel 1

Eine Diskussion über die Liebe: Willkommen in Königsberg!

Immanuel Kant begrüßt die Gäste in seinem Haus.

»Warum willst du über Liebe reden? Nach so langer Zeit, mein lieber Freund ...«, dachte Iris bei sich. Ihr Blick streifte flüchtig über die Rücken der Bücher, die in dem Regal an ihrem Bett standen und sie faltete sinnend das Handtuch, das Immanuel neben das Waschbecken gelegt hatte. Wenn man aus dem Giebelfenster blickte, konnte man in die anliegenden Gärten sehen, in denen die kahlen Äste der Bäume im Wind klapperten und wildes Gestrüpp einen Unterschlupf für Mäuse und Igel bot. Kleine Vögel plusterten ihre Federn auf und hopsten frierend hin und her.

Von unten tönte auf einmal ein lautes »Hallo!« herauf. Iris lief ins Treppenhaus. Übers Geländer gebeugt sah sie Immanuel, der einer Gruppe von Eintretenden die Mäntel abnahm. »Ich freue mich, dass ihr den Weg zu mir gefunden habt!«, rief er und ein Herr mit feinem Anzug und Nickelbrille bemerkte amüsiert: »Wenn wir nicht zu dir kommen, wird es ja nichts mit einem Treffen.« Immanuel lächelte ein wenig verlegen, schien etwas erwidern zu wollen, wies dann aber den Weg nach oben in den ersten Stock. Der Mann im Anzug stützte einen weiteren Gast, der hinkte und Mühe mit den Stufen hatte.

Hinter ihnen stolperte noch jemand herein, ein großer Mann, dem trotz der Kälte Schweißperlen auf der Stirn standen. Er fuchtelte mit dem Einladungsschreiben und stöhnte: »Deine Wegbeschreibung ist schrecklich umständlich, Immanuel, ich habe mich verlaufen. Königsberg ist nichts für mich!« Die Tür flog weit auf und erwischte beinahe eine Frau, die im letzten Moment behände zur Seite sprang. »Vorsicht, Max!«, sagte sie missbilligend und brachte den Schal in Ordnung, den sie sich um den Kopf gebunden hatte.

»Simone!«, rief Iris von oben. Die blinzelte hinauf und winkte. »Wo ist Sokrates?«, erkundigte sich der Hinkende während einer Verschnaufpause auf der Hälfte der Treppe. Als Immanuel andeutete, dass Sokrates schon im Esszimmer wartete, schnappte sich Iris die Strickjacke aus ihrem Zimmer und rannte hinunter, um noch vor den anderen bei ihm anzukommen.

Sokrates stand in eine Decke gewickelt mit dem Rücken zur Tür und balancierte auf einem Bein. Iris schlich sich von hinten an, tippte ihm auf die Schulter und brach einen Moment zu früh in Lachen aus.

»Iris, da bist du ja!« Sokrates schnellte herum. Sie umarmten einander, und nach und nach traten auch die anderen ein.

Max ließ sich sofort schwer auf einen Stuhl fallen und streckte die Füße aus. Simone gesellte sich zu Sokrates und Iris und suchte nach den Streichhölzern in ihrer Tasche. Nachdem Iris das Fenster aufgerissen hatte, zündeten sich die beiden eine Zigarette an: ein paar Züge für Simone, ein paar Züge für Iris. »Habe ich dir mitgebracht.« Simone überreichte Iris ein kleines Heft. »*Die Politik der Liebe*«, las diese. »Wirf doch mal einen Blick da rein«, meinte Simone und blies den Rauch aus, »Ist ein erster Entwurf«, und Iris begann interessiert zu blättern.

Immanuel verteilte Papier und Kaffeetassen an den Plätzen und bat dann alle zu Tisch. Die Gäste gesellten sich in die Runde, schüttelten einander die Hände, zogen Stifte aus den Taschen, bis sich Immanuel feierlich am Tischende aufstellte. Er holte schon Luft für seine Willkommensworte, als eine schmale, hochgewachsene Gestalt durch die Tür huschte. Seine Augen suchten nervös nach einem freien Platz. »Willkommen, Søren«, Immanuel deutete eine Verbeugung an, aber Søren schaute kaum auf, murmelte ein schnelles »Danke, guten Tag« und setzte sich an die freie Ecke zwischen Simone und Max. Dabei fiel ihm ein Notizbuch aus der Hand, das er hastig aufhob und unter dem Stapel Papier vor sich versteckte.

»Willkommen in Königsberg und zu unserer kleinen Tagung über die Liebe!«, begann Immanuel endlich. »Es ist mir eine große Freude, eine Ehre, dass ihr meiner Einladung gefolgt seid. Dieses Haus hat lange keine Gäste mehr gesehen und das Geschirr verstaubt schon in den Schränken. Es tut gut, eure Stimmen um mich zu haben. Bitte bleibt, so lange es euch beliebt! Auch weil wir für unser heutiges Thema Zeit brauchen werden. Ihr seid ja Kenner der Materie, aber für mich sind viele der Probleme im Kontext von Liebe neu, und ich hoffe, dass ihr gnädig mit mir sein werdet, wenn ich nicht alles sofort verstehe. Die Liebe ist eine starke Macht. Wenn sie einmal da ist, kann man sich ihr schwer entziehen, und sie schickt sich an, sämtliche Entscheidungen für uns zu treffen, mal kluge, mal unkluge. Sie verspricht uns den Himmel auf Erden, mutet uns aber nicht selten die schlimmsten Schmerzen zu und lehrt uns das Unglück wie kaum etwas anderes. Manche meinen, dass sie zentral für unser Selbstverständnis ist, ja, dass uns die Fähigkeit zu lieben als Menschen ausmacht. Andere sehen eher die Gefahren der Liebe, wie sie ablenkt, Zeit und Freiheit raubt und uns moralisch korrumpiert. Was *ist* dieses schillernde Gefühl? Oder ist die Liebe gar kein Gefühl? Da fängt es schon an. Erklärt es mir.«

»Willst du uns nicht erst mal erklären, wo du so lange warst? Du hast dich ewig nicht bei uns gemeldet! Und jetzt diese Einladung?«, rief Max.

»Ganz verblüffend!«, kicherte der Mann mit dem Anzug.

Immanuel bewegte fast unmerklich einen Fuß vor und zurück: »Es tut mir leid. Ich ... hatte zu tun.« Er fokussierte die Tischplatte, wie um sich festzuhalten. »Aber bitte, bedient euch doch, es gibt Kaffee.« Während er eilig zu organisatorischen Dingen überging, schob der hinkende Mann seiner Tischnachbarin einen Zettel zu:

»Hast du Informationen?«, stand da.

Iris kritzelte: »Hallo Augustinus.«

»Hi Iris! Also?«

»?«

»Was soll das Ganze?«

»Frag Sokrates.«

»Warum Sokrates?«

»Soll mehr wissen, Immanuel schreibt ihm manchmal.«

Augustinus ließ nicht locker: »Hat er Zweifel bekommen? Liebe = pathologisch etc.?«

»Weiß nicht! Frag Sokrates, werden wir schon noch hören.«

Dann schob sie den Zettel bestimmt zurück und drehte sich leicht weg, um ihm zu bedeuten, dass die Unterredung beendet sei. Immanuel war inzwischen beim Mittagessen angekommen: »... werde ich gegen 13 Uhr servieren. Abendessen recht früh um 18 Uhr, wenn das in Ordnung ist. Zwischendurch legen wir kleinere Pausen ein. Sokrates hat mir versprochen, unser Treffen mit seinen Gedanken einzuleiten. Aber bevor ich nun das Wort an ihn übergebe, möchte ich euch kurz miteinander bekannt machen. Denn nicht alle hier am Tisch kennen einander persönlich. Na ja, mich kennt ihr hoffentlich: Immanuel, der Kant…« Einige am Tisch lachten und erinnerten sich schemenhaft an die Feste, die sie vor langer Zeit in diesem Haus gefeiert hatten. Dann war Immanuel plötzlich abgetaucht und sie hatten vergeblich auf seine Einladungen gewartet und die früheren Feiern in ihren Erzählungen verklärt. So lange, bis das Warten beinahe in Vergessen übergegangen war. Und *dann* hatten sie sein Schreiben aus der Post gefischt.

Während sich ihre Erinnerungen mit dem Hier und Jetzt vermischten, sprach Immanuel weiter: »Also, gleich hier neben mir: Simone de Beauvoir, Philosophin und Schriftstellerin aus Paris. Bekannt unter anderem für ihre Analyse der Liebe im Patriarchat und den Begriff der authentischen Liebe. Es folgt Søren Kierkegaard aus Kopenhagen, Philosoph und ebenfalls Schriftsteller, nicht wahr, kann man das so sagen?«

Søren sah erschrocken auf und Immanuel machte schnell weiter: »Søren, bekannt für seine Kritik der erotischen Liebe und Gedanken über die Beziehung von Liebe und Ewigkeit. Neben ihm Max Scheler, Philosoph und Soziologe aus München. Max hat behauptet, die Liebe sei kein einfaches Werturteil, sondern eine Bewegung hin zu einem Wert. Dazu kommen wir sicher noch. Wir sind bei Augustinus angelangt, Philosoph und Heiliger. *Liebe und tu, was du willst* – dieser Satz kommt von ihm und ich hoffe, am Ende verstehen wir ihn besser. Weiter zu Iris Murdoch, Philosophin und Schriftstellerin aus Oxford. Iris glaubt, dass die Liebe eine bestimmte Form des Sehens ist. Nun kommen wir zu Sigmund Freud, Arzt, Psychoanalytiker und Philosoph aus Wien. Von ihm lernen wir, wie Liebe und Lust zusammenhängen.

Und schließlich Sokrates aus Athen, der als Erster sprechen wird. Mein Lieber, du hast das Wort. Ich weiß, du hältst nicht gern Reden. Umso dankbarer sind wir, dass du uns heute deine Ideen erläuterst. Danach steigen wir in die Diskussion ein! Sokrates, was ist Liebe und warum interessierst du dich überhaupt so für dieses Thema?« Immanuel räumte das Rednerpult und setzte sich ans Tischende, rechts neben Simone.

Kapitel 2

Was Liebe mit Weisheit zu tun hat

Sokrates erklärt den Zusammenhang von Eros, Schönheit und dem Streben nach Weisheit.

Sokrates wiegte sich leicht hin und her, die Hüften, den Kopf. Seine Decke fiel ihm von den Schultern. »Die Liebe ist eine erleuchtete Bettlerin«, begann er. »Sie ist findig, umtriebig ...« Er schwieg nachdenklich. Dann schüttelte er den Kopf und erklärte: »Eigentlich ist es ja unerhört, dass ich als Liebesexperte vor euch stehe, nicht wahr? Ich bin doch Sokrates und Sokrates weiß doch eigentlich *gar nichts*! Richtig?!« Er hob den Blick und lachte leise. »Eine ganz vertrackte Situation. An der ich selbst nicht unschuldig bin, ich weiß, ich weiß, das ist es eben. Ich habe mich mehrmals damit gebrüstet, die Liebe zu kennen, und jetzt muss ich Rede und Antwort stehen.« Er massierte sich die Handflächen, erst die eine, dann die andere. Seine Zuhörer sahen ein wenig verunsichert aus, geduldeten sich aber schweigsam auf ihren Stühlen.

»Ich wünschte, Diotima wäre hier ...«, fuhr er

schließlich fort und sammelte seine Decke vom Boden auf. »Vielleicht vergesse ich meine Rede und erzähle euch einfach, worum es in unseren Gesprächen über die Liebe ging, als ich noch jung und ihr Schüler war.«

»Oh ja!«, kam es von Iris, aber Sigmund rührte in seiner Kaffeetasse und ließ wie beiläufig fallen: »Wieso Diotima? Die gibt es doch gar nicht, du hast sie ja bloß erfunden!«

Die Priesterin Diotima ist eine Figur aus Platons *Symposion*. Platon war Sokrates' berühmtester Schüler und verfasste nach dessen Tod philosophische Dialoge, in denen Sokrates als Hauptfigur auftritt. Im *Symposion* stellt Sokrates Diotima als seine philosophische Lehrerin vor und berichtet von ihren Diskussionen über die Liebe und das Begehren. Die meisten Figuren in Platons Dialogen basieren auf historischen Personen, aber ob Diotima wirklich existiert hat oder rein fiktiv ist, wird kontrovers diskutiert.

Sokrates ließ die Decke wieder fallen und schien verblüfft. »Erfunden?! Sie ist absolut real! Ohne Diotima hätte ich nie mit der Philosophie begonnen ... und *ihr* folglich auch nicht, um ehrlich zu sein.« Er klatschte in die Hände und war auf einmal hellwach. »Alles begann damit, dass sie mich fragte, was Liebe ist. Ich stammelte etwas von Herzklopfen und schlaflosen Nächten, aber sie unterbrach mich nach wenigen Sätzen und forderte mehr Disziplin. Ich sollte *grundlegend* nachdenken und nicht *faseln*. Nach mehreren missglückten Versuchen half sie mir auf die Sprünge. Sieh es mal so, meinte sie: Wer etwas liebt, der begehrt es doch. Liebe ohne Begehren gibt es nicht, oder? Wir könnten sogar sagen, dass Liebe eine Art von Begehren ist? Das leuchtete mir ein. Leuchtet mir immer noch ein. Ich weiß nicht, wie ihr das seht …?«

Augustinus, Simone und Sigmund nickten, aber andere machten skeptische Gesichter. Max holte gerade Luft, um etwas zu sagen, da kam ihm Immanuel zuvor: »Ich finde es zumindest sehr plausibel. Nehmen wir es also einfach mal an, Sokrates, nehmen wir es an. Was würde daraus folgen?«

»Das habe ich Diotima auch gefragt, und sie stellte gleich eine Gegenfrage: In welcher Beziehung stehen wir denn zu Dingen, die wir begehren? Deine Fragen sind immer so *abstrakt*, seufzte ich. Ach was, rief sie ungehalten und gab die Antwort selbst: Wir begehren nur solche Dinge, von denen wir glauben, dass wir sie noch nicht besitzen. Wenn du schon mit Xanthippe verheiratet bist und dir dessen auch bewusst bist, dann wirst du dir nicht mehr wünschen, du mögest doch mit Xanthippe verheiratet sein. Und wenn …«, Sokrates sah sich im Raum um und suchte nach weiteren Beispielen. »Und wenn Søren weiß, dass er ein bestimmtes Buch schon besitzt, dann wird er sich dieses nämliche Buch nicht mehr wünschen. Er kann sich natürlich eine neue Ausgabe wünschen. Oder dass er dieses Buch niemals verlieren möge. Aber der Inhalt seines Begehrens wird nicht einfach sein, dass ihm *dieses* Buch *jetzt* gehören möge.«

Søren machte große Augen.

»Diotimas Punkt war also: Um etwas zu begehren, ist es zwar notwendig, dass wir es *ent*behren, aber das reicht als Erklärung noch nicht aus.« Sokrates winkelte ein Bein an. »Denn es gibt ja viele Dinge, die wir nicht besitzen und trotzdem nicht begehren. Ich besitze zum Beispiel kein Paar rote Schuhe, aber weil mir das egal ist, verspüre ich keinerlei Begehren nach so einem Paar. Objekte der Begierde sind solche, die wir derzeit noch nicht besitzen und deren Mangel uns irgendwie *unzufrieden* macht, ohne die wir uns ungesättigt, unvollständig fühlen. Und was macht uns satt und vollständig? Können wir noch mehr darüber sagen?« Er breitete locker die Arme aus und antwortete selbst: »Können wir, aber dafür muss ich etwas weiter ausholen. Diotima hatte nämlich einmal einen Streit mit dem Dichter Aristophanes über diese Frage. Wir saßen zusammen, er hatte uns gerade seine Geschichte von der anderen Hälfte erzählt. Wisst ihr, die Geschichte, dass wir Menschen ursprünglich Kugelwesen waren, die Zeus als Strafe für ihren Übermut in zwei Hälften getrennt und dann über den ganzen Erdball verstreut hat.

Aristophanes war ein berühmter griechischer Komödiendichter aus dem 5. und beginnenden 4. Jahrhundert v. Chr., der ebenfalls in Platons *Symposium* auftritt. Dort hält er eine Rede über die Liebe und erzählt den Mythos von den geteilten Kugelwesen, die auf der Suche nach ihrer anderen Hälfte sind. Der Mythos ist allerdings nicht dem historischen Aristophanes zuzurechnen, sondern stammt wohl aus Platons eigener Feder: Er legt ihm Aristophanes in den Mund, um ihn dann von Diotima widerlegen zu lassen.

Seitdem, so Aristophanes, tragen wir unsere Wunde vor uns her, geschwächt und verunsichert, und sehnen uns nur nach Einem: nach Wiedervereinigung mit der verloren gegangenen Hälfte. Wenn wir Glück haben und ihr über den Weg laufen, dann ist die Freude unermesslich. Wir umarmen sie und wollen sie nicht wieder loslassen, und obwohl wir nie mehr in der Weise eins werden können, wie wir es einmal waren, hat Zeus doch eine Notlösung ersonnen. In einem Anflug von Mitleid sorgte er dafür, dass sich unsere verstümmelten Körper wenigstens zeitweise ineinander verhaken können, und dieses kurze Ineinander-Sein bringt ein wenig Linderung. Für einige Momente fühlen wir uns ganz und geheilt. Aristophanes meint, dass die Liebe wie das Begehren nach der anderen Hälfte ist, das sich in dem Streben nach Wiedervereinigung ausdrückt.«

»Sag doch einfach Sex«, schlug Sigmund vor.

»Okay, sexuelles Begehren. Also, die Liebe ist aus Aristophanes' Sicht ganz zentral, um Menschen zu verstehen: Das Begehren nach der anderen Hälfte bestimmt unser ganzes Tun und Lassen. Klar, weil uns ja außer der Vereinigung mit der anderen Hälfte nichts vollständig machen, nichts heilen kann. *Alles* Begehren ist Begehren nach der verlorenen Hälfte.

Allgemeiner gesagt werden wir seines Erachtens satt und vollständig, wenn wir zurückgewinnen, was wir tatsächlich einmal besessen und dann verloren haben. In seiner Geschichte ist das unsere andere Hälfte, aber weil es ja nur eine Geschichte ist, meint er es natürlich nicht ganz wörtlich. Wir sehnen uns nach so etwas *wie* unserer anderen Hälfte – etwas, das eine ursprüngliche Einheit wiederherstellt, wie auch immer sie genau ausgesehen haben mag.«

»Natürlich!«, rief Sigmund. »Die Fusion mit der Mutter ... das Urerlebnis.«

»Hm, ich bin mir nicht sicher«, zögerte Sokrates. »Diotima war jedenfalls anderer Meinung. Erst hörte sie sich Aristophanes' Geschichte ganz genau an, so wie es ihre Art war, und hielt ihm dann entgegen: Würdest du deine verlorene Hälfte auch noch herbeisehnen, wenn sie wertlos oder gar schlecht für dich ist? Wärst du dann nicht vielmehr froh, sie los zu sein? Aristophanes nickte zögernd und Diotima preschte weiter vor: Und gilt das nicht für jeden Teil von uns – dass wir ihn nur dann zurückerobern oder behalten wollen, wenn er weder wertlos noch schlecht, sondern vielmehr *gut* für uns ist? Stell dir vor, deine Hand wäre stark entzündet und nur eine Amputation würde dich vor einer Sepsis bewahren. Du würdest vermutlich in die Operation einwilligen, und obwohl du danach gern wieder eine Hand hättest, so doch nicht die entzündete von vorher. Sondern eine neue, mit der du etwas anfangen kannst und die in diesem Sinne gut für dich ist. So ist es auch mit der anderen Hälfte. Wir möchten gern vollständig sein, aber nur, wenn uns diese Vervollständigung in den Besitz des Guten bringt. Oder anders: Es wäre gar keine *echte* Vervollständigung, wenn sie uns nicht zum Guten führen würde. Sonst würde uns nämlich weiterhin etwas fehlen und das Verlangen wäre nicht gestillt.

Ich war völlig überzeugt von Diotimas Argument: Wir wollen Verlorengegangenes nur dann zurück, wenn wir glauben, dass es auch gut für uns ist. Wenn das nicht der Fall ist, begehren wir etwas Neues, eben etwas Gutes. Für das Begehren ist es also letztlich irrelevant, ob wir ein Objekt schon einmal besessen haben oder nicht. Was zählt ist, ob es gut für uns ist. Es muss natürlich zu uns passen – aber in dem Sinne, dass wir es besitzen *sollten*, dass wir es *idealerweise* hätten. Zusammengefasst ist ein Objekt der Begierde also etwas, von dem wir glauben, dass wir es noch nicht besitzen, und das wir darüber hinaus für gut halten. Gut für uns.«

»Und was ist gut für uns?«, fragte Iris.

»Meine Damen und Herren: die Weisheit. Das ist die Antwort. Aber eine Antwort ohne Untersuchung bedeutet ja wenig und bleibt bei niemandem haften. Warum solltet ihr mir glauben? Leider würde die Untersuchung Tage und Jahre füllen«, antwortete Sokrates.

»Wir haben Zeit!«, meinte Immanuel und alle nickten.

Iris zwinkerte: »Das haben wir von dir gelernt, Sokrates, und dich beim Wort genommen. Schau uns doch an. Die Zeit ist unsere Freundin.«

Sokrates wand sich. »Brrr, jetzt müsste Diotima wirklich selbst hier sein«, sagte er wie zu sich selbst. Dann nahm er sich zusammen und seine Miene wurde konzentriert: »Lasst uns zunächst einmal festhalten, dass die Frage eine wichtige ist. Denn nicht alles, was wir für gut halten, ist auch gut. Schon gar nicht allein, *weil* wir es für gut halten. Wir können uns täuschen, sogar in Bezug auf das *für uns* Gute. Nun – was ist Weisheit? Ein Zustand des Wissens, aber nicht irgendeines beliebigen Wissens. Sondern weise zu sein bedeutet, die letzten Prinzipien der Welt zu verstehen. Man versteht etwas, wenn man weiß, warum es so ist, wie es ist. Und wenn man eine Kette von Warum-Fragen an ihr Ende verfolgen würde, dann würde man schließlich den letzten Grund in Händen halten, auf den alles zurückgeführt werden kann. Diesen letzten Grund oder diese letzten Prinzipien nenne ich auch

›Ideen‹ und sie sind ewig und immer gleichbleibend. Wenn sie nicht ewig und gleichbleibend wären, könnten sie nicht die *letzten* Prinzipien sein. Meine ... also Diotimas These ist, dass es unseren Seelen nur dann gut geht, wenn sie die Ideen verstehen.«

»Unsere *Seele*? Was meinst du damit?«, erkundigte sich Simone.

»Ich meine den Sitz unserer Gedanken, Gefühle, Begierden und geistigen Tätigkeiten. Unser Selbst, wenn man so will. Die Idee ist, dass die Seele erst dann *wirklich* Seele sein kann, wenn sie die Ideen versteht. Denn erst dann kann sie tun, was eine Seele eben tut: nachdenken, mit dem ›inneren Auge‹ sehen, aber auch sich selbst lenken, selbstständig sein, und so weiter.«

»Kann sie all das nicht auch ohne die Ideen?«, bohrte Simone weiter. »Vielleicht denkt sie ohne die Ideen nicht *richtig* nach, sieht nicht *recht*, lenkt sich selbst in keine *gute* Richtung. Aber falsches Nachdenken und Sehen ist trotzdem Nachdenken und Sehen. Und missratene Selbstbestimmung ist trotzdem Selbstbestimmung.«

»Stimmt. Ich sollte mich präziser ausdrücken. Ich meine es so: Alle, die nachdenken, fühlen, sehen, sich selbst lenken, wollen *richtig* nachdenken, fühlen, sehen, lenken. Niemand will fehlgehen, niemand macht *freiwillig* Fehler, oder?«

Augustinus meldete sich, aber Sokrates fuhr hastig fort: »Alle bemühen sich um die Wahrheit und wollen es letztlich gut machen. Wenn das nur mit den Ideen geht, dann scheitert die Seele ohne die Ideen ständig in all ihren Bemühungen. Sie ist nur ein trauriger Schatten ihrer selbst und kann nicht blühen.«

»Sie erhebt ihre Flügel nicht zum Himmel. So hast du es doch einmal bei anderer Gelegenheit ausgedrückt und das fand ich immer ein passendes Bild«, ergänzte Iris.

»Ja, das trifft es wohl noch besser. Wenn wir uns die Seele als ein geflügeltes Wesen vorstellen, dann ist sie ohne die Ideen wie ein Vogel, dessen Flügel nicht mehr fliegen können. Ein Vogel, der nicht mehr fliegen kann, ist zwar noch ein Vogel, aber ihm fehlt etwas Wesentliches, um in seinem Element zu sein und ein glückliches Vogelleben zu führen. So geht es auch der Seele, wenn sie den Ideen fern ist und sie nicht versteht. Aber *mit* den Ideen kann sie ihre Flügel ausstrecken, autonom sein und ihrer Wege gehen. Sie ist den Ideen dann in gewisser Weise sogar ähnlich: Sie ruht in sich und bleibt sich im Kern immer gleich. Die Weisheit ist also alles, was unsere Seele braucht. Und weil wir mit unserer Seele identisch sind, während unser Körper nur an uns haftet wie ein Klotz am Bein, ist die Weisheit alles, was *wir* brauchen.«

Sigmund räusperte sich geräuschvoll und notierte sich etwas in sein Heft.

Sokrates schloss den Bogen: »Zurück zum Thema. Was heißt das jetzt für unsere Analyse des Begehrens? Ich wiederhole noch mal: Unser Begehren ist jeweils auf Dinge gerichtet, von denen wir glauben, dass wir sie nicht haben, die wir aber für gut für uns halten. Dann haben wir hinzugefügt, dass nur die Weisheit wahrhaft gut für uns ist. Und daraus können wir nun schließen, dass wenigstens jedes *richtige* Begehren Ausdruck eines Mangels an Weisheit ist und zur Weisheit strebt.«

»Gibt es denn auch falsches Begehren?«, erkundigte sich Max und runzelte die Stirn.

»Schon, weil man sich ja darüber täuschen kann, was man besitzt oder was einem guttut. Obwohl: Wenn man sich darüber täuscht, was man besitzt – wenn man zum Beispiel felsenfest glaubt, man hätte kein Paar rote Schuhe, weil man vergessen hat, dass sich solche Schuhe in der untersten Schublade vom Schrank verstecken –, dann entbehrt man rote Schuhe wohl in einem bestimmten Sinn. Denn dann kann man sie sich ja nicht zunutze machen, wie und wann man möchte. Der Eindruck, man besäße keine roten Schuhe, bewahrheitet sich also gewissermaßen von selbst. Aber es bleibt trotzdem dabei, dass man sich in Bezug auf das Gute täuschen und folglich etwas anderes als Weisheit begehren kann, zum Beispiel Macht oder Ruhm oder Geld und dergleichen. Natürlich bleibt man unzufrieden, wenn man in den Besitz dieser vermeintlichen Güter gelangt, aber weiterhin fern der Weisheit ist. Sie sind eben nicht wirklich gut für uns, machen uns nicht *satt*, und so rumort das Begehren immer weiter und treibt uns in alle möglichen Richtungen, bis es sich endlich auf die Weisheit richtet. Oder was meinst du? Denkst du etwas anderes?«

»Diese ewigen Rückfragen nerven ...«, murmelte Max. »Und überhaupt, was hat das alles mit *Liebe* zu tun?« Er schüttelte irritiert den Kopf.

Sokrates ist bekannt für eine bestimmte Fragetechnik, mit deren Hilfe seine Gesprächspartner ihre Überzeugungen kritisch überprüfen, im Zweifel über Bord werfen und schließlich zur Erkenntnis gelangen sollen. Sie wird »Mäeutik« genannt, also »Hebammenkunst«: Sokrates sah sich selbst als Hebamme für die geistigen »Kinder« seiner Gesprächspartner. Das ist auch für seine Liebestheorie relevant, wie wir gleich noch sehen werden.

»Sofort, jetzt komme ich zurück zu Liebe!«, beeilte sich Sokrates. »Erinnert euch: Wir haben eben gesagt, dass Liebe ein Begehren ist. Wie alles Begehren ist Liebe demnach auch auf Weisheit gerichtet. Halt, halt!« Er streckte beide Hände aus, als sich ein ungläubiges Raunen im Raum erhob.

»Natürlich denkt ihr jetzt: Liebende begehren vieles, aber nicht die Weisheit! Liebe fühlen wir doch für eine andere *Person* – und zwar, wenn wir ständig an sie denken müssen, immer da sein wollen, wo sie gerade ist, wenn wir uns um ihr Wohlergehen sorgen, wenn wir alles für sie tun würden. Auf den ersten Blick hat das rein gar nichts mit Weisheitsstreben zu tun. Und ich gebe euch recht. Ich war ebenso erstaunt wie ihr jetzt, als mir Diotima zum ersten Mal ihre Gedanken zu Liebe und Weisheit unterbreitet hat.

Aber sie konnte mich beruhigen: Klar, erklärte sie, Liebe ist diese spezielle Fixierung auf einen anderen Menschen, den wir wunderschön finden, und Liebe fühlt sich heiß und süß an, wie wir alle wissen. Aber hinter diesem Gefühl verbirgt sich das Begehren nach Weisheit. Wir verlieben uns nämlich in jemanden, wenn uns seine Schönheit der Weisheit näher bringt. Ja, wir verlieben uns in Schöne, und zwar weil uns die Schönen *inspirieren*. Sie lassen uns kreativ werden, nicht nur körperlich, sondern vor allem auch geistig. In gewisser Weise sind sie wie Hebammen, die uns helfen, die geistigen Kinder in uns zu gebären. So helfen sie uns auf dem Weg zur Weisheit. Und das müssen wir jetzt genauer untersuchen. Dann verstehen wir auch, warum Liebe ein Geschenk des Himmels ist. Seid ihr bereit für den nächsten Schritt?«, fragte Sokrates jetzt aufgeregt und seine Zuhörer nickten erwartungsvoll.

Er legte die Hände hinterm Rücken zusammen, streckte sich und setzte wieder an: »Also: Warum hat Schönheit diese eigentümliche Wirkung auf uns? Schönheit ist offensichtlich nicht unbedingt gutes Aussehen. Das sieht man schon daran, dass ja auch Seelen schön sein können. Aber auch schöne

Körper sind nicht einfach nur gut aussehende Körper. Ich denke, dass wir etwas ›schön‹ nennen, wenn es uns in besonderer Weise bewegt. Und zwar weil uns die Schönen an etwas *erinnern*: Sie erinnern uns nämlich an die Ideen, von denen ich eben gesprochen habe.«

»Wie bitte?!«, rief Max wieder dazwischen.

Und Sigmund gleich hinterher: »Aber eben hast du doch gesagt, dass wir die Ideen *nicht* kennen? Das war wichtig für dein Argument, dass wir sie verstehen wollen. Erinnern können wir uns aber nur an Dinge, die wir schon mal gesehen, gehört oder anderswie gelernt haben. Was denn nun?«

»Lasst mich das noch etwas weiter ausführen. Ganz recht, wir können uns nur an Dinge erinnern, die uns eigentlich schon bekannt sind und die wir dann vergessen haben. Solange sie in Vergessenheit sind, befinden sie sich in einem seltsamen Schwebezustand: Bekannt, aber nicht *bewusst* bekannt und daher auch nicht unmittelbar abrufbar. Erinnerung ist ein Prozess, der nicht unter unserer direkten Kontrolle steht und oft lange dauert.«

»Ja!«, mischte sich Augustinus ein. »Es beginnt mit dem vagen Eindruck von ›das kenne ich doch‹, einer plötzlichen Irritation, und man ist noch unsicher, worum es sich genau handelt. Dieses Gefühl der ersten Wiedererinnerung kennt jeder von alltäglichen Situationen – wenn man zum Beispiel das Bild eines alten Bekannten sieht und ihn nicht gleich zuordnen kann, der Name nicht gleich parat ist. Man weiß nur, dass man diese Person von irgendwoher kennt, und kämpft so lange um Konzentration, bis es einem endlich einfällt. Bis dahin ist die Unruhe wie ein Juckreiz.«

»Man fällt. Man bemüht sich zwar aktiv um Erinnerung, aber der letzte Schritt ist ein Fallen. Passiv ...«, hauchte Søren auf einmal aus seiner Ecke.

»Genau«, sagte Sokrates. »Und das ist der Grund, warum wir uns auch das Verlieben wie ein Fallen vorstellen, also wie etwas, das einem widerfährt und das man nicht selbst in der Hand hat. Wie gesagt: Wir verlieben uns in eine andere Person, wenn wir uns bei ihrem Anblick an die ewigen Ideen erinnern. Stellt euch diesen Augenblick vor: Jemand erinnert uns an den Ursprung aller Dinge, an das, was alles erklärt. Natürlich nur schemenhaft, und wir wissen nicht recht, an was wir uns da erinnern. Nur ein Gefühl überkommt uns, und zwar, dass es ungemein wichtig ist, der Erinnerung auf die Spur zu kommen. Denn mit den Ideen dämmert uns auch, wer wir selbst eigentlich sind: Der Umstand, *dass* wir uns an sie erinnern, verweist uns darauf, dass wir Seelen sind, Wesen, deren Heil nicht in weltlichen Dingen wie Geld, Macht und dergleichen besteht, sondern in Weisheit. Im Erfassen ebendieser Ideen! Beim Anblick der Geliebten fühlen wir uns also auch dunkel an uns selbst erinnert. Und das setzt die Liebe in Gang. Sie ist das Verlangen, mithilfe der Geliebten der Erinnerung auf den Grund zu gehen und die Ideen aus dem

Dunkel unserer Seele hervorzurufen. Wir wollen unbedingt in ihrer Nähe bleiben, um die Erinnerung wachzuhalten, und wenn es die Schönheit ihrer Seele ist, die uns so aufgerüttelt hat, dann wollen wir mit ihr im Gespräch sein, um weiter im Licht dieser Schönheit zu stehen.«

»Puh, alles ziemlich … *metaphysisch*«, bemerkte Simone und setzte gleich mit einer Frage nach: »Was ist denn, wenn der Erinnerungsprozess abgeschlossen ist? Dann ist uns die Geliebte wohl nicht mehr von Nutzen und die Liebe vorbei?«

»Nun – ja«, erwiderte Sokrates. »Dieser Erinnerungsprozess dauert natürlich eine Weile. Er bleibt meist unabgeschlossen, wenigstens zu Lebzeiten. So schnell wird die Geliebte also nicht wertlos für den Liebenden.«

Max schnaubte auf: »Das ist doch keine Liebe!«

Aber Sokrates fuhr fort: »Also halten wir noch mal fest: Wie alles Begehren richtet sich Liebe letztlich auf das Verstehen der Ideen. Sie unterscheidet sich von anderen Begehren nur in Bezug auf das Mittel, das sie wählt, um dieses Ziel zu erreichen. Das Mittel der Liebe ist nämlich ein Mensch, vor dessen Schönheit uns die Augen aufgehen – der uns an die Ideen erinnert. Jetzt fragt ihr euch wahrscheinlich schon länger, warum denn diese Ideen bereits in uns sind.«

»Aber hallo …«, Sigmund und Simone warfen einander einen Blick zu.

»Ich werde mich in Schlangenlinien annähern«,

verkündete Sokrates. »Haltet euch kurz vor Augen, dass es einer Erfahrung wie der Erinnerung bedarf, um jedwedes Begehren in Gang zu setzen. Denn um etwas explizit zu begehren, muss man sich ja *bewusst* sein, dass man es entbehrt. Wenn wir gar nicht wissen, was uns fehlt, dann mögen wir den Mangel zwar in einem dumpfen Unwohlsein und immer wiederkehrender Unzufriedenheit spüren, aber wir können unser Begehren nicht auf ein bestimmtes Objekt richten.

Handelt es sich bei diesem Objekt nun aber um Weisheit, dann ist das ein seltsamer Zustand – also, dieses Sich-Bewusstwerden, dass man die Ideen nicht kennt. Denn muss man etwas nicht irgendwie schon kennen, um zu wissen, dass man es *nicht* kennt, in diesem Fall die Ideen? Um behaupten zu können, ›das und das kenne ich nicht‹, muss ich es ja richtig identifizieren und benennen können. Und dann kennt man es doch!«

»Ach herrje, dein Paradox schon wieder!« Max fiel fast vom Stuhl. Aber Søren wurde unruhig und machte »Schhhh!« in Max' Richtung.

Sokrates lachte. »Ja, das steckt wohl dahinter. Dieses Paradox, dieses Paradox. Es lässt mich nicht los! Manchmal denke ich: Was für ein Unsinn, es gibt eine einfache Lösung. Und dann wieder: Nein, hier steckt ein tiefes Problem.« Er kratzte sich am Kopf. »Für alle zur Erinnerung, es handelt sich um das Paradox des Lernens, mit dem mich der selbstbewusste junge Menon einmal konfrontiert hat. Es beginnt mit der Feststellung, dass man nichts lernen kann, was man bereits weiß. Die nächste Prämisse besagt, dass man auch nichts lernen kann, was man noch *nicht* weiß. Denn um sich vorzunehmen, es zu lernen, und um dann auch den Moment zu erkennen, an dem man es gelernt hat, muss man es schon kennen. Und da man alles entweder weiß oder nicht weiß, folgt daraus, dass Lernen unmöglich ist. Was paradox anmutet, weil wir doch ständig und überall zu lernen scheinen!

Das Paradox des Lernens ist ein viel diskutiertes Problem aus Platons *Menon*. Es zeigt, dass die Möglichkeit des Lernens gar nicht leicht zu erklären ist. In Platons Dialog nimmt Sokrates das Paradox zum Anlass, um seine sogenannte *Anamnesis*-Theorie vorzustellen – die Idee, dass die unsterbliche Seele die Ideen schon vor der Geburt gekannt und seither nur vergessen hat, und dass alles Lernen eigentlich Wiedererinnerung an die Ideen ist.

Was hat das mit unserer Diskussion zu tun? Wer das Paradox ernst nimmt, hat auch Probleme, zu erklären, wie man von etwas wissen kann, dass man es nicht weiß. Denn die zweite Prämisse besagt ja, man müsse einen Sachverhalt schon kennen, um ihn als vermeintlich ›unbekannt‹ zu identifizieren.«

»Aber du behauptest doch ständig, dass du etwas nicht weißt, Sokrates. Egal, was man mit dir bespricht …«

»Darum ging es doch anfangs schon, Max!«, brach es aus Søren hervor. »Sokrates ist ein Liebesexperte, gerade *weil* er nichts versteht. *Weil* er weiß, dass er nichts weiß. Das mutet ja *auch* wie ein Paradox an. Ein Paradox, in dem eine tiefe Wahrheit lauert …«

Sokrates nickte eifrig: »Genau, ja, danke Søren! Ich glaube ja, dass das Paradox eine Lösung hat, verstehst du, Max? Also darf ich ohne Widerspruch behaupten, dass ich bestimmte Dinge nicht weiß, zum Beispiel, was die Ideen sind. Die Lösung ist – und jetzt kommt es –, dass wir die Ideen vor unserer Geburt schon einmal kannten und seither nur vergessen haben. Und wenn wir uns schemenhaft an sie erinnern, wie wir es beim Verlieben tun, dann sind wir in diesem besonderen Zustand, in dem wir sie als unbekannt identifizieren können. Sie schweben vor unseren Augen, wir können darauf zeigen und sagen ›das da‹, und gleichzeitig sind sie verschwommen und in Dunkel gehüllt, bis wir uns vollständig erinnert haben. Und das ist die Voraussetzung nicht nur für Begehren, sondern auch für Lernen.

Und jetzt hört es sich vielleicht nicht mehr so schrecklich vermessen an, dass ich mich manchmal als Liebesexperte vorstelle. Obwohl ich gleichzeitig behaupte, dass ich nichts verstehe. Das gehört nämlich zusammen, Søren hat ganz recht. Eigentlich sind alle Liebenden in genau der gleichen Situation: Liebende haben ja gemeinsam, dass sie die Ideen verstehen wollen – sie begehren die Weisheit. Sie verstehen also *noch* nichts, wenigstens nicht die letzten Prinzipien der Welt, die alles zusammenhalten. Aber als Liebende wissen sie gleichzeitig, was Liebe ist. Und zwar, weil das Verlieben ja nicht nur mit einem Bewusstwerden über das eigene, fundamentale Unverständnis der Welt einhergeht, sondern gleichzeitig auch mit einer gehörigen Portion *Selbst*erkenntnis. Wie ich eben versucht habe zu erklären, werden sich Liebende ihrer eigenen Situation und ihrer Beziehung zum Objekt ihrer Begierde bewusst. Die Liebe ist ein selbstbewusster Zustand. Also sind Liebende immer auch Liebesexperten, ich bin überhaupt nicht der Einzige!«

»Wen liebst du denn, Sokrates?«, fragte Augustinus auf einmal. Alle außer Søren lachten.

»Oh, wo soll ich anfangen?«, antwortete Sokrates. »Ich verliebe mich ja ständig.«

»Nun sag schon. Platon?«, hakte Augustinus nach.

»Platon ... ja, Platon liebe ich. Wer liebt Platon nicht«, meinte Sokrates und neigte seinen Kopf sacht zur Seite.

»Diotima! Das ist doch klar«, kam es von Iris.

»Was ist mit deiner Ehefrau Xanthippe und euren Kindern?«, fragte Simone.

»Alkibiades!«, schrie Søren jetzt erregt.

»Ja genau!«, riefen andere.

Alikibiades war ein berühmt-berüchtigter athenischer Staatsmann aus dem 5. Jahrhundert v. Chr. und mit Sokrates befreundet. In Platons *Symposion* tritt er betrunken auf, hält eine flammende Rede auf Sokrates, gesteht ihm seine Liebe und klagt vor versammelter Mannschaft über Sokrates' Abfuhr. Der reagiert kühl und abweisend.

Die Stimmen wurden lauter und Sokrates wusste nicht recht, was er sagen sollte. Da stand Immanuel auf und sorgte für Ruhe.

»Freunde, zurück zur Philosophie«, bat er. »Sokrates, deinem Argument – ... err, *Diotima* – zufolge wissen Liebende, dass sie die letzten Dinge nicht wissen. Also das, was zählt. Um genauer zu sein: Sie wissen, dass sie die Ideen nicht verstehen. Ist es umgekehrt auch so, dass alle, die wissen, dass sie die Ideen nicht verstehen, Liebende sind? Wenn ja, gibt es neben schönen Menschen gar keine weiteren Wege zur Weisheit, und Liebe ist identisch mit Begehren. Wenigstens mit *richtigem* Begehren.«

»Nun ...«, Sokrates überlegte eine Weile. »Ich denke schon. Wenn wir ein Erinnerungserlebnis brauchen, um uns bewusst zu werden, dass wir die Ideen nicht verstehen, aber unbedingt verstehen wollen – ja *müssen;* wenn weiterhin nur die Schönheit in der Lage ist, diese Erinnerung in uns hervorzurufen; und wenn schließlich Menschen die einzigen Träger der Schönheit sind – dann müssen wir uns verlieben, um uns unseres Mangels bewusst zu werden.«

»*Sind* Menschen denn die einzigen Träger von Schönheit?«, fragte Immanuel weiter. »Dazu hast du bisher noch nichts gesagt.«

»In der Tat, das habe ich ausgelassen. Meinem Empfinden nach sind Schöne wohl wirklich immer Menschen, besonders ihre Seelen. Aber auch die Produkte der Seele: Mathematische Beweise, wissenschaftliche Theorien, Musik – all diese Werke von Menschen können schön sein und sind in der Lage, mich an die Ideen zu erinnern. Die unbelebte Natur, Pflanzen und andere Tiere vermögen das nicht. Damit ihr mir nicht vorwerft, ich würde meine eigene Erfahrung unzulässig verallgemeinern, biete ich euch folgende Erklärung an. Menschliche Seelen sind den Ideen in einer bestimmten Hinsicht näher als der Rest der Natur. Sie haben die Ideen zwar vergessen, aber nicht ganz und gar und für alle Zeit, sondern auf eine Weise, die Wiedererinnerung zulässt. Diese innere Nähe zu den Ideen sieht man Menschen manchmal an, vor allem wenn ihnen die Ideen gerade wieder leise dämmern. Mit anderen Worten: Menschen sind besonders schön, wenn sie gerade in den Prozess der Wiedererinnerung verstrickt sind. Und je näher sie den Ideen kommen, desto schöner werden sie. Denn wisst ihr noch: Wer die Ideen versteht, der wird so ähnlich wie die Ideen. Das heißt übrigens, dass ihr Anblick und ihr Umgang in diesem Zustand bei anderen ebenfalls Wiedererinnerung hervorrufen. Deshalb verursacht echte Liebe auch Gegenliebe! Der Liebende, dem die Ideen beim Anblick der Geliebten dämmern, ist auf einmal besonders schön, sodass die Geliebte sich auch in ihn verliebt. Sie sehnen sich nacheinander und leben ihre Liebe vor allem im philosophischen Gespräch. Sie wollen zusammen die Ursprünge der Welt verstehen.«

»Sollten wir uns dann nicht alle in dieselben Menschen verlieben? Eben in all die Schönen, denen gerade die Ideen dämmern? Und das löst dann eine Kettenreaktion aus, bis wir alle einander lieben!«, überlegte Augustinus.

»Wie eine Gemeinschaft aller Liebenden?«, Sokrates schien das Bild zu gefallen. »Theoretisch ist das möglich, aber wir müssen jemandem natürlich erst mal ziemlich nahe kommen, um die Schönheit seiner Seele zu sehen. Und so nah kommen wir eben meist nur wenigen.«

»Sag mal, können sich die Liebenden auch wortlos ›unterhalten‹? Zum Beispiel mit Blicken, in Umarmungen, beim Sex?«, fragte Iris. »Liebende kommunizieren ja auf so vielen Ebenen, mit Berührungen, Gesten und so weiter, und nicht nur in Form von klassischen Gesprächen!«

»Wenn man auch wortlos von den Ideen sprechen kann, dann ja«, antwortete Sokrates.

Iris nickte. Immanuel machte sich Notizen. Es

herrschte für kurze Zeit Stille im Raum. Dann erhob Simone ihre Stimme:

»Unerwiderte Liebe ist deiner Meinung nach also keine echte Liebe ... Hm, damit gehst du dem Unglück aus dem Weg, Sokrates. Aber ich will noch etwas anderes fragen. Bist du nicht eigentlich ein Verführungskünstler? Besteht deine Expertise nicht eben darin?! Du hast uns ja nur den einen Teil der Geschichte erzählt – hast dich als Verliebten dargestellt, unschuldig und verletzlich. Aber tatsächlich treibst du doch oft *andere* in den Wahnsinn, indem du sie verliebt in dich machst. Der prächtige Alkibiades war ganz außer sich. Vor dir muss man sich hüten!«

»Simone ... Das Unglück«, Sokrates schaute nachdenklich zu Boden. »Womöglich hast du recht. Aber damit kennen sich andere im Raum besser aus. Zu deiner zweiten Frage: Na, das hat ja unmittelbar mit dem Vorherigen zu tun. Ich habe ja gerade behauptet, echte Liebe würde erwidert. Deshalb bin ich nicht nur Liebender, sondern, wenn du so willst, auch ein Verführer. Obwohl ich nie böse Absichten verfolge und meine eigene Liebe ja echt ist. Und wenn ich recht habe, tue ich meinen Geliebten damit ja den größten Gefallen, denn ich erinnere sie an die Ideen und öffne ihnen so die Tür zum Glück!«

»Ich habe mir schon gedacht, dass du das sagen würdest«, erwiderte Simone unbeeindruckt. »Aber ich bin mir nicht sicher, ob deine Liebe in all diesen

Fällen wirklich so echt ist. Hast du Alkibiades geliebt?«

Eine leichte Blässe erschien auf Sokrates' Wangen. »Ich möchte jetzt nicht über Alkibiades sprechen«, sagte er leise.

Es war für eine lange Sekunde still im Raum. Dann stand Immanuel auf und verkündete:

»Zeit für eine Pause. Die Haustür steht offen, falls ihr etwas durchatmen möchtet. Bevor ihr geht, erlaube ich mir, die wichtigsten Punkte zusammenzufassen.«

»Typisch Immanuel«, Sigmund verdrehte die Augen.

Immanuel ließ sich nicht beirren. »Bitte korrigiert mich, wenn ich etwas missverstanden habe. Sokrates ... *Diotima* meint, dass Liebe ein Begehren nach einem anderen Menschen ist, der einem auf dem Weg zur Weisheit weiterhelfen kann. Denn letztlich ist jedes Begehren ein Begehren nach dem für uns Guten, also nach dem Glück, und unser Glück besteht in Weisheit. Weise zu sein bedeutet, die letzten Prinzipien der Welt zu verstehen – das, was erklärt, warum alles so ist, wie es ist, und die nennt er ... *sie* die Ideen. Nun bedeutet das nicht unbedingt, dass wir uns in besonders gelehrte Leute verlieben. Wir verlieben uns vielmehr in Menschen, die uns persönlich schön erscheinen, denn Schöne erinnern uns an ebendiese Ideen. Die Ideen müssen uns nämlich nicht im engeren Sinne beigebracht werden – ja, das geht wahrscheinlich gar nicht. Wir

kennen sie eigentlich schon von einer Zeit vor unserer Geburt. Da taucht der aristophanische Gedanke in veränderter Form also doch noch einmal auf: Was wir begehren ist etwas, das wir schon einmal besaßen. Nun haben wir die Ideen zwar vergessen, können sie aber wieder aus uns hervorholen, wenn uns jemand einen Anstoß gibt. In der Gegenwart und insbesondere im philosophischen Gespräch mit dem Geliebten halten wir die Erinnerung wach und verstehen so schrittweise die Welt. Wer liebt, der *weiß*, dass er die Ideen nicht mehr kennt. Und man weiß als Liebender auch, dass man selbst ein Liebender ist: Man versteht den eigenen Zustand. Als Liebender kann Sokrates deshalb sowohl sagen, dass er weiß, was Liebe ist, als auch, dass er letztlich nichts weiß. Wenigstens nichts von dem, was sich zu wissen *lohnt*, also das, was die Welt erklärt. Was sich zunächst widersprüchlich anhörte, ist demnach gar nicht widersprüchlich. Umgekehrt gilt aber auch, dass alle, die wissen, dass sie die Ideen nicht kennen, Liebende sind. Und so gibt es einen schönen Reigen zwischen dem Nichtwissen und der Liebe, und deshalb sind alle Liebende Philosophierende und alle Philosophierende auch Liebende.«
Er sah ein wenig überwältigt aus. »Huijuijiu!«, machte er, pfiff leise durch die Zähne und stierte vor sich hin, als ob er das Gedankengebäude buchstäblich vor sich schweben sehen könnte. Dann legte er seine Papiere gerade vor sich auf den Tisch, den Stift genau mittig daneben und erhob sich. Sokrates

hüllte sich wieder in seine Decke und verließ leichten Fußes das Rednerpult.

»Noch etwas: Wer möchte nach der Pause den ersten Kommentar geben? Ich hatte an Sigmund gedacht ... «, fiel es Immanuel auf dem Wege zur Tür ein.

»Das mache *ich*!«, bestimmte Max und stand so geräuschvoll auf, wie er sich niedergelassen hatte. Sigmund sagte so etwas wie »Be my guest«, aber Max reagierte nicht und verließ den Raum.

»Was ist nur in ihn gefahren?«, rätselte Augustinus, aber im allgemeinen Stühlerücken ging seine Frage unter. Immanuel lief in die Küche, um nach dem Mittagessen zu sehen.

Kapitel 3

Die Unersetzbarkeit des Geliebten

Max Scheler beruft sich auf die Unersetzbarkeit des Geliebten und die Runde gerät in eine Diskussion.

»Sokrates, dir zufolge ist eine geliebte Person für den Liebenden nur ein Mittel zu einem bestimmten Zweck, eine Hilfe auf dem Weg zur Weisheit und nichts weiter. Als solche ist die Geliebte aber ganz und gar ersetzbar! Denn was ich als Mittel erachte, finde ich nicht für sich allein genommen wertvoll, sondern nur insofern und so lange es seinen Zweck erfüllt. Deshalb würde ich es leichten Herzens gegen alles eintauschen, das den Zweck ähnlich effektiv erfüllt, und ich wäre geradezu froh, wenn ich statt seiner ein noch besseres Mittel fände.«

Max hatte laut und schnell gesprochen. Jetzt holte er kurz Luft und rief dann: »Ein Liebender würde seine Geliebte aber nie eintauschen! Nicht in dieser Weise. Es ist ihm nicht *egal*, ob er seine Geliebte oder eine ihr ähnliche Person vor sich hat. Und er denkt auch nicht ernsthaft darüber nach, ob es noch bessere Kandidaten geben könnte. Wenn doch, würde er nicht wahrhaft lieben. Denn wahrhaft Liebende halten ihre Geliebten für *unersetzbar.*«

Er wischte sich über den Mund und nahm einen Schluck Wasser aus dem Glas, das Immanuel ihm hingestellt hatte.

»Denkt nur an liebende Eltern: Sie würden ihre Kinder niemals gegen ähnliche oder irgendwie ›bessere‹ Kinder eintauschen. Es würde uns erschrecken, wenn es doch so wäre. Stellt euch das mal vor. Eltern, die ihr Kind hergeben würden, wenn sie dafür ein noch hübscheres oder noch klügeres haben könnten. Oder eins, das durchschläft! Wir würden mit Recht an ihrer Liebe zweifeln. Das Gleiche gilt auch für die erotische Liebe, über die Sokrates gesprochen hat, und auch für tiefe Freundschaft, Geschwisterliebe und so weiter. Liebende aller Art haben gemeinsam, dass sie ihre Geliebten nicht einfach auf der Basis von vergleichenden Werturteilen eintauschen würden.«

»Ich habe nicht nur von *einer* Art der Liebe gesprochen«, wandte Sokrates höflich ein. »Liebende Eltern werden von ihren Kindern auch an die Ideen erinnert, und bei Freunden ist es ebenfalls so. Ich glaube, verschiedene Arten der Liebe gibt es gar nicht, Liebe ist Liebe. Oder anders: Jede Liebe ist erotisch ...«

»Wie dem auch sei«, erwiderte Max ungeduldig. »Mein Punkt ist: Du kannst die Unersetzbarkeit des Geliebten nicht erklären. Noch schlimmer: Deiner

Theorie zufolge sollten Liebende prinzipiell willens sein, ihre Geliebten gegen all die einzutauschen, die sie in ähnlicher Weise an die Ideen erinnern. Wenn Diotima genauso schön ist wie – na ja, wer fällt mir da jetzt ein – na, sagen wir die schöne Helena, dann sollte es dir *egal* sein, ob du mit Diotima oder mit Helena Umgang hast. Aber angenommen du liebst Diotima, dann ist das doch eine absurde Vorstellung! Oder etwa nicht?«

»Hmm ...«, machte Sokrates und wiegte den Kopf hin und her. »Darüber muss ich nachdenken, Max. Jedenfalls ist das ein wichtiger Punkt.«

»Bist du sicher?«, fragte Sigmund spöttisch. »Ist das so wichtig? Ich weiß nicht ... Wenn Max recht hätte, dann gäbe es so etwas wie ›echte Liebe‹ womöglich gar nicht.«

Søren sah Sigmund entgeistert an. Immanuel schritt ein: »Warte, Sigmund. Lasst uns Max erst noch genauer befragen. Ich verstehe noch nicht ganz, wie er das mit der Unersetzbarkeit meint.«

Max hob trotzig den Kopf: »Was willst du wissen, Immanuel?«

»Zunächst müssten wir nur ein paar Dinge klären: Wenn du sagst, die Geliebte sei für den Liebenden unersetzbar, dann meinst du nicht, dass wir nur eine Person lieben können, nicht wahr? Es geht dir hier nicht um Exklusivität ...«

»Oh nein, ganz und gar nicht! Natürlich kann man mehrere Personen gleichzeitig lieben. Bei Eltern, die mehrere Kinder haben, ist das ja ganz offensichtlich. Und viele haben auch mehrere Freunde. Man kann auch zur gleichen Zeit in mehrere Menschen romantisch verliebt sein. In diesen Fällen sind eben entsprechend viele Personen unersetzbar für den Liebenden: Für jeden und jede unserer Geliebten gilt, dass man sie nicht gegen andere eintauschen würde, noch nicht einmal gegen solche, die man ebenfalls liebt.«

»Und was genau *heißt* das nun, dass man sie nicht eintauschen würde?«

»Ich erzähle euch eine kleine Geschichte. Stellt euch vor, ihr habt ein kleines Kind. Eines Tages wird das Kind entführt. Im Briefkasten findet ihr ein Schreiben der Entführer: Sie haben nicht vor, das Kind je zurückzubringen. Stattdessen haben sie euch ein anderes Kind in die Wiege gelegt, das dem euren verblüffend ähnlich ist. Die beiden sind wirklich schwer auseinanderzuhalten. Trotzdem wärt ihr vermutlich vor Schmerz über den Verlust eures Kindes ganz außer euch. Vielleicht würdet ihr mit der Zeit beginnen, auch das neue Kind zu lieben. Aber die Liebe zu dem neuen Kind kann den Verlust des ersten nicht aufwiegen, so wie auch die Geburt eines zweiten Kindes den Tod eines ersten nicht aufwiegen kann. Das zweite Kind macht es unter Umständen leichter, mit dem Schmerz umzugehen, aber das ist etwas anderes als eine Wiedergutmachung.

Wenn wir ein paar Geldscheine verlieren, dann ist dieser Verlust durch neue Scheine im gleichen Wert wiedergutgemacht – wir stehen genauso gut da wie vor dem Verlust. Aber den Verlust eines Kindes kann nichts wiedergutmachen … Man kann nur lernen, irgendwie damit zu leben.

So ist es nicht nur mit Kindern, sondern auch mit anderen Menschen, die wir lieben. Ihr Verlust ist durch nichts wiedergutzumachen, es gibt keinen Ersatz. Deshalb wirft uns auch der Tod von geliebten Menschen so aus der Bahn. Wenn wir in der Zeitung lesen, dass jemand gestorben ist, den wir gar nicht kennen, sind wir zwar betroffen und halten auch kurz in unserem Tun inne, aber wir müssen nicht erst mühsam wieder leben lernen.«

»Aber manchmal verlassen wir unsere Geliebten doch …«

»Ja natürlich!« Max sah ungehalten aus. »Ich will nicht sagen, dass Liebende ihre Geliebten nie verlassen würden, zum Beispiel, weil sie den Alltag nicht gemeinsam bewältigen können und so weiter. Aber erstens ist ›verlassen‹ mehrdeutig und nicht jedes Verlassen auch ein Verlieren. Zweitens, selbst *wenn* der Liebende Entscheidungen treffen muss, die den Verlust der Geliebten mit sich bringen, ist das nicht unbedingt unvereinbar mit seiner Liebe. Stellt euch vor, wir müssten uns entweder für immer von der Geliebten trennen oder eine Insel mit Tausenden von Einwohnern würde vom Meer verschlungen. Es wäre wohl moralisch geboten, in dieser Situation den Verlust der Geliebten in Kauf zu nehmen, und Liebende, die sich so entscheiden, sind deshalb nicht minder Liebende. Es würde eben bedeuten, dass sie die Schmerzen der Trennung auf sich nehmen, wohl wissend, dass es keinen Ersatz für die Geliebte gibt. Die Quintessenz bleibt also, dass es zur Liebe gehört, die Geliebte für unersetzbar zu halten. Und dass es Liebenden deshalb nicht egal ist, ob sie es mit ihrer Geliebten oder einer in relevanter Hinsicht ähnlichen Person zu tun haben. Eine Theorie, der zufolge Liebe eine Art Nutzenabwägung ist, impliziert aber das Gegenteil. Deshalb muss sie falsch sein. Liebe ist keine Nutzenabwägung und die Geliebte kein Mittel zum Zweck. Punkt, aus.«

Ähnlich wie andere Wissenschaften bedient sich die Philosophie oft sogenannter »Gedankenexperimente«, die unsere Intuitionen zu den jeweiligen Untersuchungsgegenständen testen sollen: Man stellt sich bestimmte Situationen vor, unter Umständen auch völlig unrealistische, und überprüft die eigenen Reaktionen. Je nachdem, welche Theorie von Intuitionen sie vertreten und für wie angemessen sie die jeweiligen Experimente halten, verwenden Philosoph*innen die Ergebnisse dann, um eine These zu untermauern oder zu entkräften.

»Eigentlich triffst du mit deiner Kritik ja noch mehr Theorien«, meinte Immanuel. »Angenommen, Paris liebt Helena, weil sie schön ist. Er schätzt ihre

Schönheit aber nicht als Mittel zur Weisheit, sondern um ihrer selbst willen, ganz ohne weitere Zwecke im Sinn. Dann ist es immer noch unerklärlich, warum ihn der Verlust von Helena so treffen würde, wenn er dafür die ebenso schöne ... eh ... Diotima haben könnte. Mit anderen Worten: Ansätze, bei denen Liebe einfach ein Werturteil über die Eigenschaften des Geliebten ist (oder wenigstens auf nichts anderem als auf einem solchen beruht), scheinen allesamt Probleme mit der Unersetzbarkeit des Geliebten zu haben.«

Max sprang halb vom Stuhl auf: »Genau! Liebe ist nicht nur keine Nutzenabwägung, sondern ganz allgemein kein Urteil über die Eigenschaften der Geliebten. Bei den möglichen Urteilen, die mir einfallen – dass die Geliebte schön ist oder witzig oder was auch immer – stellt sich das Unersetzbarkeitsproblem. Und hier auf einzigartige Eigenschaften zu rekurrieren hilft auch nicht weiter: Menschen haben nur wenige wirklich einzigartige Eigenschaften, darunter womöglich ihre partikularen Raum-Zeit-Koordinaten. Oder vielleicht schlürft jemand zufällig seine Suppe wie kein anderer. Aber solche Eigenschaften eignen sich nicht, um Liebe zu erklären, weil sie nicht besonders wertvoll sind. Warum sollte ich jemanden lieben, nur weil er zu einem bestimmten Zeitpunkt an einem bestimmten Ort ist oder weil er seine Suppe ganz einmalig schlürft? Nein, aus all diesen Gründen muss Liebe etwas anderes sein, als Sokrates uns weismachen will.«

»Ein Werturteil dieser Art ist Liebe bei Sokrates ja auch nicht ...«, bemerkte Iris, wurde aber unterbrochen: »Was ist Liebe denn dann?«, fragte Simone. »Völlig losgelöst von den besonderen Eigenschaften des Geliebten kann Liebe ja auch nicht sein. Denkt nur an Romeo und Julia. Ihre Liebe muss etwas damit zu tun haben, dass sie einander heiß finden! Romeo hat so schöne Arme und träumerische Augen und Julia so weiche Lippen, ihre Bewegungen sind fließend wie Wasser. Die Vorstellung, es sei Liebenden ganz egal, wie ihre Geliebten beschaffen sind, wäre doch seltsam. Und obwohl ich selbst keine Kinder habe, scheint mir das auch für Elternliebe zu gelten. Eltern finden ihre Kinder auch über alle Maßen wunderbar, sie hören nichts lieber als ihr Lachen. Das scheint ein wichtiger Teil von Liebe zu sein.«

»Das wollte ich auch nicht bestreiten!«, nickte Max eifrig. »Liebe sieht die Besonderheit des Geliebten sehr wohl. Ja, Liebe bringt überhaupt erst zum Vorschein, wer die Geliebte eigentlich ist – macht sichtbar, was bisher noch verborgen war, noch nicht entfaltet, noch schlummernd. Liebe ... Liebe ist eine *Bewegung*!« Max' Arm flog in die Luft. »Eine Bewegung hin zu diesem höheren Wert im Geliebten.«

Simone sah skeptisch aus: »Kann man das noch klarer fassen?«

»Wieso klarer?!«

»Was meinst du mit ›Bewegung‹? Wie sich dein

Arm bewegt? Wohl eher nicht. Du musst von einer Art geistigen Bewegung sprechen. Aber was *ist* das? Und welche Rolle spielen denn jetzt die wertvollen Eigenschaften des Geliebten? Und überhaupt: Warum erklärt *das* die Unersetzbarkeit des Geliebten?«

Max schnaufte: »Wie soll ich es anders sagen? Eine geistige Bewegung ist eben ...« Er suchte nach Worten.

In *Wesen und Formen der Sympathie* und *Der Formalismus in der Ethik und die Materiale Wertethik* bestimmt Max Scheler die Liebe als eine Bewegung hin zu einem höheren Wert im Geliebten, den erst die Liebe zum Vorschein bringt. Es wird kontrovers diskutiert, was er hier genau mit »Bewegung« meint, unter anderem weil diese Bewegung seiner Meinung nach der Wahrnehmung des jeweiligen Werts vorausgeht. Es ist also nicht so, dass Liebende erst diesen noch nicht realisierten Wert im Geliebten erspüren und sich dann geistig darauf zubewegen, sondern umgekehrt: Die Bewegung geht der Wahrnehmung voraus. Die Liebe ist primär.

Iris kam ihm zu Hilfe: »Wie die Aufmerksamkeit auf etwas lenken?«

»Aber die höheren Werte werden ja erst durch Liebe zum Vorschein gebracht«, sagte Max mit angestrengter Stimme. »Also kann ich meine Aufmerksamkeit erst darauf richten, wenn ich bereits liebe ...«

Alle waren etwas ratlos und verstummten für einen Moment, bis Iris es noch einmal versuchte: »Ich bin mir nicht sicher, wie genau wir uns die Bewegung vorstellen sollen, die dir vorschwebt, Max. Aber ich finde die Idee interessant, dass Liebe etwas mit einer Änderung der Sicht zu tun hat: Man sieht den Geliebten auf einmal in einem Licht, das ihm *gerecht* wird. Und das ist gar nicht so leicht, denn die meisten Menschen nehmen wir einseitig und verzerrt wahr. Unsere Aufmerksamkeit wird nämlich meist von unseren egoistischen Interessen geleitet und nimmt nur in den Blick, was diesen dient. Der liebende Blick ist frei davon – sieht gnädig, unvoreingenommen, großzügig, klar.

Wenn wir so über Liebe denken, dann ist Liebe nicht völlig losgelöst von den besonderen Eigenschaften des Geliebten. Denn die Liebende sieht ja das Gute im Geliebten, oder bewegt sich darauf zu, um es in Max' Worten zu sagen. Aber die Eigenschaften spielen keine *begründende* Rolle. Man sieht nicht erst die Eigenschaften, fällt ein Urteil und verliebt sich daraufhin. Sondern andersherum: Weil man sich verliebt, gehen einem die Augen über, lernt man den Geliebten sehen.

Das ist noch keine Erklärung für die Unersetzlichkeit des Geliebten. Aber in diesem Ansatz gibt es wenigstens nicht die gleiche Erklärungs*not*: Wenn die Eigenschaften des Geliebten die Liebe nicht begründen, dann stehen Liebende nicht unter rationalem Druck, ähnliche oder gar in relevanter Hinsicht bessere Menschen prinzipiell als möglichen Ersatz zu akzeptieren.«

Immanuel machte sich Notizen. Sokrates legte das Kinn in die Hand und dachte nach. Sigmund hob die Augenbrauen. Augustinus sah aus dem Fenster. Søren tippte nervös mit dem Stift auf den Tisch. Was Iris gesagt hatte, schien ihn zu beschäftigen. Max raufte sich mit der einen Hand die Haare, während die andere wild in sein Heft schrieb. Iris sah Simone an, die sich jetzt wieder meldete: »Okay, möglich. Aber erstens bleibt in diesem Bild dann offen, wie es überhaupt dazu kommt, dass man sich verliebt. Wenn die Eigenschaften des Geliebten nicht die Gründe sind, was dann? Oder hat Liebe gar keine *Gründe* im engeren Sinne, sondern nur Ursachen etwaiger Art?«

»Was wäre der Untersch…?« Immanuel kam nicht weit.

»Wobei ich hier mit Gründen meine, dass aus Sicht der Geliebten etwas für die Liebe spricht – etwas, das die Liebe rechtfertigen würde«, erläuterte Simone. »Während Ursachen einfach auf die Geliebte wirken können, ohne dass sie groß mitdenken muss. Wir haben typischerweise Gründe für Zustände wie Überzeugungen. Wir bilden zum Beispiel die Überzeugung, dass es regnet, wenn wir etwas gegen die Fensterscheiben prasseln hören.

Das Prasseln spricht nämlich aus unserer Sicht dafür, dass es regnet, beziehungsweise für die Überzeugung, dass es regnet. Es gibt aber auch Zustände, für die man keine Gründe hat. Etwa Krankheiten und anderes dieser Art. Wir haben nicht die Grippe, weil aus unserer Sicht etwas dafür spricht, sondern weil unser Körper mit bestimmten Viren zu kämpfen hat, die wir irgendwo aufgefangen haben. Die Ansteckung mit Viren ist nur eine Ursache, kein Grund für die Grippe. Ich sage ›nur‹, weil Gründe ja möglicherweise auch Ursachen sind, aber eben besondere. Sie wirken im Denken des Subjekts. Ist das klar genug?«

Ob Liebe rationale Gründe oder nur Ursachen hat, ist eine wichtige Frage in der heutigen Philosophie der Liebe. Wenn sie rationale Gründe hat, dann kann sie im Prinzip als richtig oder falsch beurteilt werden. Wenn sie nur Ursachen hat, etwa biologische, dann entzieht sie sich rationaler Kritik. Theorien, denen zufolge Liebe auf einem Urteil über bestimmte, wertvolle Eigenschaften des Geliebten beruht, sind rationalistisch und in ihrer klassischen Form stellt sich ihnen das Unersetzbarkeitsproblem. Nichtrationalistische Ansätze sind zwar normalerweise vor diesem Problem gefeit, haben aber dafür andere. Es wäre zum Beispiel auch unglaubwürdig zu behaupten, dass Liebe gar nichts mit bestimmten Werturteilen zu tun hat. Denn dann müssten alle möglichen Werturteile mit Liebe vereinbar sein, sogar dass der Geliebte wertlos oder gar schlecht ist – und das würde seltsam anmuten.

~♥~

»Das hilft ungemein«, kam es von Immanuel. »Du sagtest ›erstens‹ …«

»Oh ja, zweitens.«, fuhr Simone fort. »Zweitens wäre es doch hilfreich, dem Unersetzbarkeitsproblem nicht nur zu entgehen, sondern wirklich eine weiterführende Erklärung für das Phänomen zu haben. Max hat eben von Raum-Zeit-Koordinaten gesprochen: Er findet die Idee abwegig, dass es relevant für Liebe sein könnte, wann und wo sich der Geliebte aufgehalten hat. Ich finde das gar nicht so absurd! Es ist doch ganz plausibel, dass Liebende füreinander unersetzbar sind, weil sie eine einzigartige *Geschichte* miteinander teilen. Die Eltern in Max' Beispiel haben eine Geschichte mit dem Kind, das entführt wurde, aber nicht mit dem neuen Kind, und deshalb können sich die beiden Kinder ansonsten so ähnlich sein, wie sie wollen – die Eltern wollen trotzdem *ihr* Kind. Und Sokrates hat eine Geschichte mit Diotima, aber nicht mit Helena, also will Sokrates Diotima, auch wenn Helena genauso schön ist. Könnte man nicht in diese Richtung weiterdenken? Die Geschichte der Liebenden wäre dann der Grund für ihre Liebe, oder wenigstens ein Grund neben anderen. Oder ist euch das zu einfach gestrickt?«

»Interessant«, meinte Immanuel. »Allerdings

müsste man noch schärfen, was hier mit ›Geschichte‹ gemeint ist. Denn in gewisser Weise haben wir ja eine Geschichte mit *allen* Menschen auf diesem Planeten.«

»Stimmt«, pflichtete ihm Iris bei. »Zum Beispiel mit dem Kind, von dem Max gesprochen hat. Denkt noch mal an das Kind in der Geschichte. Es wacht ganz verwirrt bei uns auf. Es kennt uns ja auch nicht. Vielleicht weint es. Wir nehmen es in die Arme. Falls wir schon wieder klar denken können, machen wir erst mal Frühstück. Die ganze Zeit denken wir an unser eigenes Kind. Nicht auszudenken, wie schwer unser Herz wiegen würde. Aber jetzt müssen wir uns auch um dieses neue Kind kümmern. Wir können es ja nicht einfach allein lassen. Wo sind wohl seine Eltern? Hat es überhaupt welche? Und die Geschichte wird noch lange weitergehen.«

»Und sogar mit Menschen, denen wir nie begegnet sind, haben wir eine Geschichte«, nahm Immanuel den Ball auf. »Zum Beispiel die Geschichte, dass wir sie nie getroffen haben, oder dass sie 1000 Kilometer östlich von uns wohnen und so weiter. Wenn Geschichten so ubiquitär sind, können sie allein wohl kaum die besondere Liebe und die Unersetzbarkeit begründen, um die es uns geht. Um welche Geschichten handelt es sich also?«

»Ihr habt recht«, antwortete Simone. »Wir sollten der Theorie also noch hinzufügen, dass es nicht um irgendwelche beliebigen Geschichten geht, sondern um solche, an deren Gestaltung wir persönlich beteiligt sind und die wir weiterführen möchten, die uns etwas bedeuten. Die wir wertvoll finden.«

»Ja, so etwas in der Art müsste das wohl sein«, nickte Immanuel. »Aber das nächste Problem wird nun sein, diesen Wert so zu spezifizieren, dass Unersetzbarkeit dabei rauskommt.«

»Was? Das verstehe ich nicht ...«, mischte sich Max ein und schüttelte den Kopf.

Immanuel setzte noch einmal an: »Nun, wir suchen ja nach einer Theorie der Liebe, die erklären kann, warum der Verlust eines geliebten Menschen durch nichts aufgewogen werden kann – dass es für die Liebende schlechterdings keinen Ersatz für ihn gibt. Nicht alles, mit dem mich eine Geschichte verbindet, ist derart, auch nicht wenn diese Geschichte wertvoll ist. Zum Beispiel das alte Klavier in der Ecke dort. Es ist mir ans Herz gewachsen und wenn möglich möchte ich es behalten. Aber wenn es mir doch abhandenkommen sollte, ist es nicht so, dass ich mir überhaupt keinen Ersatz vorstellen könnte. Natürlich gibt es Dinge, die den Verlust des Klaviers für mich aufwiegen würden – deren Gewinn mich genauso gut oder sogar besser dastehen lassen wie vormals das Klavier. Wenn ich beispielsweise stattdessen die erste Geige meiner Mutter haben dürfte, würde ich mich glücklich schätzen. Worin unterscheidet sich die wertvolle Geschichte, die ich mit meiner Geliebten teile, von meiner Geschichte mit dem Klavier?«

»Du meinst also, dass selbst eine wertvolle Geschichte immer noch keine hinreichende Erklärung für die Unersetzbarkeit des Geliebten ist. Denn wir können uns vorstellen, eine wertvolle Geschichte mit jemandem zu teilen, ohne dass derjenige unersetzbar für uns wird«, stellte Simone klar.

»Ja, und nun habe ich das Gefühl, dass wir uns im Kreis drehen. Denn jetzt scheint mir, dass die Geschichte, die uns eigentlich erklären sollte, warum und in welcher Hinsicht der Geliebte unersetzbar für uns ist, ihrerseits in einem *unersetzlichen* Sinne für uns wertvoll sein muss, um die Erklärung zu liefern. Aber dann hilft uns dieser Ansatz nicht weiter und wir stehen wieder am Anfang. Der Umstand, dass wir eine Geschichte mit unserem Geliebten teilen, ist für unsere Zwecke wenig aussagekräftig.«

Immanuel schaute sich in der Runde um. Sein Blick blieb bei Augustinus hängen. »Was meinst du eigentlich dazu?«, fragte er. Augustinus drehte endlich den Kopf vom Fenster zur Tischrunde und schickte sich an zu antworten, als ihm Sigmund dazwischenkam:

»Es ist überhaupt kein Wunder, dass wir keine Erklärung finden. Das Phänomen gibt es nämlich so gar nicht. Wir sitzen einem Narren auf, wenn wir glauben, dass unsere Geliebten in diesem starken Sinne unersetzbar für uns sind. Das ist Selbsttäuschung.«

»Meinst du das ernst?!«, brach es da aus Søren heraus. Er lag fast auf der Tischplatte, so sehr beugte er sich nach vorn. »Es ist ganz im Gegenteil Selbsttäuschung, wenn man nicht an die Liebe glaubt. Wenn man an der Liebe zweifelt! Dann hat man alles verloren.«

»Ich glaube an die Liebe. Nur nicht an die Unersetzbarkeit des Geliebten«, erwiderte Sigmund gelassen. »Die Liebe ist nicht so hoch erhaben, wie ihr meint. Sie ist viel bodenständiger. Wir lieben andere, wenn sie das Objekt unserer Libido werden. Und die Libido ist ein Trieb, dessen Ziel ganz simpel ist: Lust. Obwohl, vielleicht ist das letztlich komplexer. Denn das Lustempfinden hat auch etwas mit unserem Drang nach Entwicklung, nach *Leben*, auch nach Wissen zu tun. Da denke ich wie Sokrates. Es ist sicher kein Zufall, dass die erste und einprägsamste Lusterfahrung die körperliche Nähe zur Mutter oder zum Vater ist, wenn sie uns umarmen und mit Milch füttern und wir uns geborgen und sicher fühlen. Denkt nur an ein Baby, das an der mütterlichen Brust saugt: an ihre Haut, die warme Milch, das Sattwerden. Aber auch an ihre Blicke, ihre Aufmerksamkeit, ihre Stimme – all das lässt uns wachsen, größer und irgendwann *Ich* werden. Lust ist eine vitale Regung. Aber wie dem auch sei: Natürlich ist ein konkretes Liebesobjekt ersetzbar. Es ist ersetzbar durch Objekte, die die Libido ähnlich oder noch tiefer befriedigen, die also eine ähnliche oder eine noch größere Lust erzeugen. Es mag uns anders vorkommen, während wir verliebt sind. Liebe überhöht den Geliebten typischerweise und mag ihn uns auch als unersetzbar erscheinen lassen. Aber das ist eine Illusion.«

Max sah Søren an, als ob er um Unterstützung bitten wollte.

»Wie entscheiden wir, ob ein Phänomen real oder illusorisch ist?«, hörte man Iris murmeln.

Aber noch ging niemand darauf ein, weil Augustinus die Stimme erhob:

»Nicht so schnell, Sigmund. Es gibt noch Spielraum bei den Erklärungen für Unersetzbarkeit. Kein Grund, die Flinte gleich ins Korn zu werfen. Ganz zu Anfang habt ihr einen hilfreichen Begriff ins Spiel gebracht, dann aber nicht weiter beachtet: den Begriff eines *Zwecks an sich*. Max hat ganz richtig gesagt, dass all die Dinge ersetzbar für uns sind, die wir nur für Mittel zu weiteren Zwecken halten. Aber das gilt nicht für Dinge, die wir für sich allein genommen wertvoll finden – eben Zwecke an sich. Die sind unersetzbar für uns, weil wir sie eben nicht einer anderen Sache wegen, sondern um ihrer selbst willen wollen. Nichts, das nicht sie selbst ist, kann ein Ersatz für sie sein. Und natürlich sind nur sie selbst sie selbst!«

Er schmunzelte und erklärte weiter: »So ein Zweck an sich zu sein ist nicht das Gleiche wie Eigenschaften zu haben, die an sich wertvoll sind. Denn sonst bliebe dieser Zweck ersetzbar durch andere Dinge mit den gleichen Eigenschaften, wie Immanuel vorhin schon gesagt hat. Nein, wenn die schöne Diotima ein Zweck an sich ist, dann nicht einfach nur deswegen, weil ihre Schönheit an sich wertvoll ist. Sondern weil sie es *selbst* ist. Wir könnten doch in folgende Richtung denken: Die Geliebte ist für den Liebenden unersetzbar, weil er sie als Zweck an sich betrachtet. Nun, das hört sich einfacher an, als es ist. Eigentlich ist die Sache ziemlich vertrackt und ich denke schon die ganze Zeit darüber nach, wie man begründen könnte, dass ein Mensch ein Zweck an sich ist. Gibt es dafür objektive Gründe oder nur rein subjektive? Und was heißt es überhaupt, jemanden um seiner selbst willen zu wollen? Was genau will man denn da? Seine Existenz? Seine Nähe?

Um ehrlich zu sein, glaube ich, dass nur Gott ein Zweck an sich ist, wir also auch nur Gott wahrhaft für unersetzbar halten und lieben können. Ihm nahe zu sein, ihn zu kennen – und das bedeutet, alles zu kennen, zu verstehen –, um mehr geht es nicht und alles andere ist entweder nutzlos oder nur ein Mittel zu diesem Zweck. Das ist auch wichtig für unsere erotischen Beziehungen, Freundschaften und Familienbande: Wir sollten andere Menschen nicht an Gottes Stelle setzen, sondern nur so lange Umgang mit ihnen pflegen, wie sie uns auf dem Weg zu ihm behilflich sind. Zum Beispiel, weil sie uns helfen, ihn zu verstehen. Wer das vergisst, der verzettelt sich auf der Suche nach dem Eigentlichen.«

Immanuel war sehr aufmerksam geworden: »Das ist doch wirklich eine gute Idee! Weiter über diese besonderen Zwecke nachzudenken. Ja, das könnte fruchtbar sein ... Ich denke zwar nicht, dass nur Gott ein Zweck an sich ist. Sondern jeder einzelne Mensch. Deshalb haben alle Menschen *Würde*. Was eigentlich nichts weiter bedeutet, als unersetzbar zu sein: Jemand hat Würde, wenn man an seiner Statt kein Äquivalent setzen kann und darf. Genau darin unterscheiden sich Menschen von anderen wertvollen Dingen. Menschen verdienen deshalb Achtung. Aber ... vielleicht auch Liebe?! Oder vielleicht ermöglicht Würde wenigstens die Liebe? Weil man Dinge ohne Würde nicht ernsthaft lieben kann. Gerade weil sie ersetzbar sind! Wir müssten Achtung und Liebe allerdings noch voneinander unterscheiden ... Identisch sind sie ja keinesfalls.«

Die letzten Sätze hatte er eher zu sich selbst gesprochen und dabei weitere Notizen gemacht. Simone schob ihm noch mehr Papier zu.

»Moment mal«, meinte Max. »Du denkst doch, dass Menschen aufgrund ihrer Vernunftfähigkeit Würde haben und unersetzbar sind. Das fand ich schon immer höchst fragwürdig. Und nun sollen wir also auch nur da lieben können, wo diese Fähigkeit anzutreffen ist?« Er lachte laut auf. »Nichts hört sich liebloser an! Man liebt andere doch nicht, weil sie in der Lage sind, eins und eins zusammenzuzählen! Du vielleicht ... Aber das ist auch wirklich nur eine Philosophenkrankheit.«

Auf Immanuels Miene spiegelte sich eine Mischung aus Verletzung und Spott. »Du hast einfach missverstanden, was ich mit Vernunft und Vernunftfähigkeit meine, Max« sagte er kühl. »Aber das tut gerade nichts zur Sache. Wie wir die Menschenwürde genau begründen, können wir ja noch offenlassen. Einige hier im Raum denken vielleicht, dass sich da gar nichts groß begründen lässt – dass wir andere Menschen einfach als würdevoll *erfahren*, wenn wir mit ihnen interagieren, und dass diese Erfahrung ein zentraler Bestandteil unserer Beziehung zu anderen ist, auch unser Selbstbild prägt und so weiter. Das lohnt sich zu erwägen. Aber ein anderes Mal. Im Augenblick ist doch nur wichtig, ob uns diese Überlegungen bei der Suche nach einer Erklärung für die Unersetzbarkeit des Geliebten weiterhelfen. Vielleicht ist die Erklärung nämlich, dass Liebe mit Achtung verschwistert ist. Also: Liebe bezieht sich womöglich auch auf die Würde, die jeder Mensch *als* Mensch hat, genau wie Achtung. Und der Unterschied zwischen Liebe und Achtung liegt nur in der *Form* dieser Beziehung.«

»Hm«, Simone dachte nach. »Liebe ist natürlich leidenschaftlicher als Achtung. Liebe geht mit Verlangen einher. *Ist* gar eine Art Verlangen – nach der Gegenwart des Geliebten, nach seinem Körper und seinem Geist. Und wird im Gegensatz zu Achtung auch nicht moralisch gefordert: Wir haben eine Pflicht, andere zu achten, aber es gibt ja wohl keine Pflicht, andere zu lieben, oder?« Einige im Raum schüttelten den Kopf, andere sahen unsicher aus.

Sie fuhr fort: »Es wäre also wirklich wichtig, den

Unterschied zwischen Liebe und Achtung auf den Punkt zu bringen. Aber unabhängig davon habe ich noch nicht wirklich nachvollzogen, wie genau hier nun die Erklärung für die Unersetzbarkeit der Geliebten lauten würde. Angenommen, wir gehen diese Schritte mit: Wir sagen, dass die Geliebte für die Liebende aus dem gleichen Grund unersetzbar ist wie eine Geachtete für die sie Achtende, nämlich aufgrund ihrer Würde. Weil Würde zu haben eben bedeutet, ein Zweck an sich und daher unersetzbar zu sein, und allen Menschen zukommt. Dann haben wir aber doch noch nicht erklärt, warum die Geliebte für die Liebende in *besonderer* Weise unersetzbar ist, und zwar anders als die Menschen, die sie nicht liebt, aber sehr wohl achtet. Die Trauer über den Verlust einer Person, die wir lieben, ist doch ganz anders und viel zerreißender als die Empfindungen beim Verlust einer Person, die wir nicht lieben, aber achten. Und *das* wollten wir doch erklären. Vielleicht sollten wir sogar sagen, dass ein Geliebter für die Liebende subjektiv unersetzbar ist, während sich Achtung auf objektive Unersetzbarkeit bezieht?«

Sokrates hatte lange geschwiegen. Zwischendurch war er mehrmals aufgestanden, um sich die Füße zu vertreten und die Arme zu strecken. Nun mischte er sich auf einmal ein:

»Aha! Meine lieben Freunde, seit Max das Problem geschildert hat, denke ich bei mir: Er hat recht, er hat recht. Die Menschen, die ich geliebt habe und noch liebe, erscheinen mir alle unersetzbar. Auch wenn ich sehe, dass andere ähnliche oder noch bessere Eigenschaften haben, will ich sie um nichts in der Welt hergeben und betrübt sich meine Seele, wenn ich mir vorstelle, sie zu verlieren. Als ich jung war, ging es mir wie Sigmund, und ich hielt diese Empfindungen für irrational. Ich war eben viel mit Diotima zusammen und wollte nicht sentimental erscheinen. Sie schüttelte sich bei jedem Anflug von Gefühlsüberschwang. Aber vielleicht habe ich sie in diesem Punkte missverstanden, habe zu viel vorweggenommen. Jedenfalls war es ihr immer verdächtig wichtig, zu wissen, was *ich* denke und was *ich* für eine Meinung zu den Fragen habe, an die sie mich heranführte. Was *man* so denken könnte, fand sie uninteressant, und was eine Kopie von mir, also jemand *wie* ich, gedacht hätte, war auch nicht ihr Anliegen. Sie wollte die Meinung von diesem ganz bestimmten Sokrates hören und keine andere. Sie schien mich wenigstens in dieser Hinsicht für unersetzbar zu halten ... Meine Stimme zählte für sie. Ich glaube, auf diese Weise habe ich in ihrer Gegenwart gelernt, meine eigene Stimme zu respektieren – nach Antworten in meiner Seele zu suchen und ernsthaft nachzudenken.

Jetzt schwant mir, dass hinter Diotimas Einstellung eine tiefe Einsicht steckt. Eine Seele ist jedenfalls *für andere Seelen* unersetzbar. Denn wenn wir einer Seele *als* Seele gegenübertreten, zum Beispiel im Gespräch, dann verhalten wir uns zu ihr als einer

Akteurin im Gegensatz zu einem Objekt mit Eigenschaften. Wir interagieren statt zu beschreiben.«

»Sokrates?! Geht es dir gut?«, fragte Max.

»Aha, schon wieder Diotima ... ziemlich komplexe Beziehung für eine Person, die du erfunden hast ...!«, stellte Sigmund fest.

Sokrates schaute an die Decke: »Sich zu jemandem als Akteur zu verhalten bedeutet, in ein Spiel von Aktion und Reaktion verwickelt zu sein – den Anderen als *frei zu* betrachten, in seinem Handeln nicht vorherbestimmt. So ist die Beschreibung des Anderen weder das Ziel solcher Interaktion noch wirklich möglich, denn freie Akteure sind in die Zukunft hin offen, können ihre Meinung und ihren Standpunkt ändern, und selbst in momentanen Äußerungen ist da immer dieser Vorbehalt: ›Ich lege mich nur so lange fest, wie ich von der Wahrheit meiner Aussage überzeugt bin. Sobald ich Grund zu zweifeln habe, erlaube ich mir, meine Meinung zu ändern.‹ Wenn wir anderen so gegenübertreten, ist es kein Wunder, dass sie unersetzbar für uns sind: Ohne Beschreibung gibt es auch keine Vergleiche und ohne Vergleiche keinen Tausch gegen gleich gute oder bessere Kandidaten ... Uns interessiert nicht ihr So-Sein, sondern ihr Handeln.«

»Das hört sich wunderbar existenzialistisch an!« Simone stemmte erfreut die Hände in die Hüfte. »Wer hätte das gedacht? Willkommen im Club! Das erzähle ich Jean-Paul und den anderen.«

»Ich habe ja schon erläutert, dass ich die Liebe zu

einer anderen Person als Verlangen nach einem philosophischen Gespräch mit ihr verstehe. Denn so kommen wir der Weisheit näher. Ich bleibe dabei.« Sokrates setzte sich wieder in Bewegung und spazierte um den Tisch herum, während er weitersprach. »Aber nun schaut mal her: Wenn wir nach Anderen als Gesprächspartnern verlangen, dann verhalten wir uns zu ihnen als Mitakteuren in dem gerade geschilderten Sinne. Denn miteinander sprechen, nachdenken – all das sind Handlungen, für die man frei sein muss. Oder für die man die eigene und die Freiheit des Anderen wenigstens annehmen muss. Sonst funktioniert es nicht: Ich kann mich nicht ernsthaft mit jemandem unterhalten, wenn ich glaube, dass seine Antworten allesamt vorgefertigt sind und nicht seinem eigenen Nachdenken entspringen. Also verhalte ich mich als Liebender zur Geliebten als einer Unersetzbaren. So könnten wir doch ein paar der eben geäußerten Gedanken miteinander verbinden. Natürlich gibt es da diesen übergeordneten Zweck: die Weisheit. Aber vielleicht ist das weniger gefährlich als gedacht ...«

Etwas piepte unter den leeren Seiten, die an Sokrates' Platz lagen. Sigmund kramte ein Handy hervor. »Sokrates, ist das deins?« Ein erstauntes Murmeln ging durch den Raum.

»Ich glaube, du hast eine SMS bekommen.« Sigmund stand auf, um Sokrates das Handy zu reichen. Dabei konnte er nicht umhin zu lesen, was auf dem Display stand: »Reiß dich zusammen. D.«

Kapitel 4

Liebe und Lust

Sigmund Freud verteidigt seine Libido-Theorie und die Gäste studieren die Biologie der Liebe.

Søren stand ruckartig auf, bevor Sokrates seinen letzten Gedanken ausführen konnte. Er lief rot an, als er die Blicke der anderen auf sich spürte, blieb aber tapfer stehen.

»Das Problem der Unersetzbarkeit hat uns in eine Diskussion über das Wesen der Liebe verwickelt. Es gibt jetzt mehrere Möglichkeiten, wie wir fortfahren, und am besten breiten wir sie alle vor uns aus, damit wir nicht den Überblick verlieren. Zunächst einmal müssen wir uns entscheiden, ob wir Max' Phänomen ernst nehmen wollen oder nicht. Nehmen wir es ernst und glauben wir, dass den Geliebten für unersetzbar zu halten ein zentraler Bestandteil von Liebe ist, dann scheiden gleich einige Theorien von Liebe aus. Zum Beispiel solche, denen zufolge Liebe einfach bedeutet, den Geliebten in einer bestimmten Hinsicht wertvoll zu finden – schön oder witzig oder klug. Das haben wir gesehen. Eine andere Theorie, die noch hinzufügt, dass die Liebenden zusätzlich eine wertvolle Geschichte miteinander teilen müssen, schien der Kritik auch nicht standzuhalten.«

Während er sprach, lockerte sich seine Miene. Seine Bewegungen wurden sicherer und beinahe galant.

»Andere Theorien sind aber weiterhin auf dem Tisch, darunter die von Iris vorgeschlagene: Die Liebe entsteht nicht aufgrund irgendwelcher Urteile über den Geliebten, sondern andersherum – die Liebe lehrt uns, den Geliebten unvoreingenommen zu sehen und deshalb auch richtig zu beurteilen. Sie öffnet uns die Augen, die normalerweise von egoistischen Schleiern verhüllt sind. Die Liebe kann diesem Bild zufolge alle möglichen Ursachen haben, zum Beispiel biologische. Vielleicht kann man auch aktiv lernen, den Blick zu schärfen und andere unvoreingenommen zu sehen.

Außerdem haben wir Augustinus' Vorschlag, dass der Geliebte kein Mittel, sondern ein Zweck an sich für den Liebenden ist. Plus Immanuels Weiterentwicklung, dass Liebe eine Schwester der Achtung ist, weil sie sich ebenfalls auf die Würde des Geliebten richtet. Möglicherweise aber in der Form des Verlangens, wie Simone bemerkt hat, und das wäre der Unterschied zwischen Liebe und Achtung.

Und schließlich wäre da noch Sokrates' neuer Ansatz. Liebe will er weiterhin als ein Verlangen nach einem philosophischen Gespräch mit dem

Geliebten verstehen, aber jetzt fügt er noch etwas hinzu. Nämlich dass einander als Gesprächspartner zu begegnen bedeutet, sich nicht beschreiben und vergleichen, sondern miteinander handeln zu wollen. Im Geiste handeln. Und er glaubt, Max' Vorwurf auf diese Weise zu entgehen. Liebende verhalten sich zueinander in einer Weise, die Tauschgeschäfte von vornherein ausschließt.«

Søren hielt kurz inne und biss sich beim Nachdenken auf den linken kleinen Finger.

»Natürlich sind diese Ideen noch nicht ausgegoren«, fuhr er dann fort. »Was ist das je! Es sind Skizzen, die man weiterzeichnen und ausmalen kann, wenn man will. Und dann brauchen wir noch mehr Kriterien, die uns helfen, die Auswahl weiter einzuschränken. Es gibt ja noch andere Gesichtspunkte außer der Unersetzbarkeit des Geliebten, die uns wichtig sein sollten: Was erklärt unsere Erfahrungen mit Liebe am besten? Ist Liebe eher wie ein klares Sehen oder wie ein Verlangen? Wie steht es mit den verschiedenen Arten der Liebe? Gibt es überhaupt verschiedene Arten? Und welcher dieser Ansätze erklärt am besten, warum Liebe so wichtig in unserem Leben ist? Et cetera. Letztlich kann man nicht zu den eigentlichen Quellen der Liebe vorstoßen, sie nicht abschließend erklären ... Man kann sich nur annähern und ihr Tun in unserem Leben, in unseren Seelen besser beobachten und beschreiben lernen.

Aber bevor wir uns über all das Gedanken machen, müssen wir zurück zu dieser Grundentscheidung. Wo wollen wir uns positionieren, wenn es um Unersetzbarkeit geht – bei Sigmund oder bei Max? Und wie und auf welcher Grundlage wollen wir die Entscheidung fällen?«

»Wieso *wie*? Meinst du nicht sonst immer, dass Entscheidungen dem *Springen* ähneln?«, fragte Augustinus. »Weil es letztlich keine Gründe für Entscheidungen gibt und wir deshalb einfach unserem Willensakt folgen müssen, der sich auf die eine oder die andere Seite schlägt? Habe ich das richtig verstanden?«

Søren stockte kurz. Und sagte dann etwas betroffen: »Wir müssen doch nicht bei *jeder* Entscheidung springen. Manche Entscheidungen können durchaus auf der Grundlage von Gründen getroffen werden. Nur nicht ganz bestimmte – zum Beispiel, wie man leben soll. Es ist noch offen, ob die Frage nach der Realität unseres Phänomens auch von dieser Sorte ist und einen Sprung erfordert. Ich schlage vor, dass wir zunächst Gründe ermitteln und schauen, wie weit wir kommen.«

Der Gedanke, dass manche Entscheidungen eines Willensakts bedürfen, der einem Sprung ähnelt, wird unter anderem im zweiten Teil von Søren Kierkegaards *Entweder – Oder* entwickelt.

»Gute Idee«, übernahm Simone. »Also, wenn ich die Runde hier so beobachte, dann kennen eigentlich alle das Gefühl, dass ihre Geliebten unersetzbar für sie sind. Niemand denkt von sich, dass sie ihre Kinder oder Liebsten oder besten Freunde einfach gegen andere Personen mit ähnlichen Eigenschaften eintauschen würden. Das würde sogar Sigmund zugeben, oder? Denk mal an deine Tochter Anna ...«

Anna Freud war Sigmund Freuds jüngste Tochter und ihrem Vater sowohl persönlich als auch intellektuell sehr verbunden. Sie wurde selbst Psychoanalytikerin und ist vor allem für ihre wichtige Arbeit in der Kinderanalyse bekannt.

»Ja, so weit gehe ich mit«, antwortete er.

»Und was ist nun genau deine Kritik? Meinst du, dass dieser Eindruck eine Illusion ist, weil unsere Geliebten *eigentlich* gar nicht unersetzbar für uns sind? Oder akzeptierst du, dass wir diese spezielle Einstellung zu unseren Geliebten haben, hältst das aber für irrational? Mit anderen Worten: Täuschen wir uns in Bezug auf uns selbst oder in Bezug auf unsere Geliebten?«

»Das ist nicht immer so leicht auseinanderzuhalten«, meinte Sigmund. »In gewisser Weise beides ...«

Max unterbrach ihn: »Aber Søren hat recht mit

seiner Frage: Warum sollten wir dir glauben? Es wäre ja viel näherliegend, dass wir uns *nicht* täuschen – insbesondere, da wir alle diese Gefühle haben! Gib uns einen Grund, warum wir deinen Skeptizismus über Liebe ernst nehmen sollten.«

»Nun«, erwiderte Sigmund bedächtig. »Ich bin durchaus nicht der Meinung, dass Skeptizismus immer und überall angemessen ist. Aber unseren Erfahrungen und Gefühlen sollten wir trotzdem nicht naiv Glauben schenken. Sie bedürfen der Analyse, weil sie sich auf der Oberfläche oft ganz anders verhalten als darunter. Wir sitzen ständig Selbsttäuschungen auf.«

»Aber es muss doch einen Anhaltspunkt geben, warum wir einem bestimmten Gefühl misstrauen sollten?«, ereiferte sich Max. »Wenn wir grundsätzlich *allen* Gefühlen misstrauen würden, die wir nicht auf einer Metaebene analysiert haben, könnten wir gar nicht richtig leben. Wir wären unsere eigenen Patienten und in ständiger Entzweiung mit uns selbst. Es wäre furchtbar.«

»Wir leben eher in Entzweiung mit uns, wenn wir uns nicht analysieren«, erklärte Sigmund. »Wer im Dunkeln darüber bleibt, was er wirklich fühlt und denkt, der ist nicht Herr im eigenen Haus. Sondern Spielball aller möglichen psychischen Kräfte – die Ergebnisse seiner Selbsttäuschungen und Verdrängungstechniken, die sich in seinem Verhalten Bahn brechen, ohne dass er sie versteht. Die Wahrheit versöhnt uns dagegen mit uns selbst ... Das sehe ich so ähnlich wie Sokrates, und er wäre mein Held, wenn er eben nicht diesen existenzialistischen Ausbruch gehabt hätte!«

»Du hast aber immer noch nicht auf die eigentliche Frage geantwortet: Welchen Grund haben wir, dem Unersetzbarkeitsgefühl zu misstrauen?«, grummelte Max weiter.

»Der Grund ist ganz einfach meine Libido-Theorie, die ich schon erwähnt und die ich auf der Grundlage jahrelanger Beobachtung entwickelt habe. Liebe hat ganz wesentlich mit Lust zu tun und mit dem Versuch, die Urerfahrung des Saugens an der mütterlichen Brust zu wiederholen. Der alte Aristophanes hatte also nicht in allem unrecht.« Er zog eine Grimasse in Sokrates' Richtung. »Beim Saugen erfährt das Baby zum ersten Mal Befriedigung und verliebt sich in die Mutter. Auf dem Weg ins Erwachsenenalter müssen sich Kinder dann schrittweise von der Mutter ablösen, und das ist schmerzhaft. Glücklicherweise kann sich die Libido aber anderen Objekten zuwenden, die ebenfalls sexuelle Befriedigung bringen können. Wobei ihr ja wisst, dass ich mit ›sexuell‹ mehr meine als nur ›genital‹. Eigentlich ist ›sexuell‹ eben alles, das die Libido erregt – den Trieb nach Lust und nach Leben. Wenn seine Entwicklung gut verläuft, dann überwindet das Kind den Verlust der Mutter also allmählich. Und deshalb sind die Objekte der Liebe prinzipiell füreinander ersetzbar. Wäre es nicht so, könnten wir diese erste Trennung ja niemals überwinden.

Trotzdem ist es natürlich interessant zu erforschen, warum wir alle der gleichen Täuschung aufsitzen. Es kann ja kein Zufall sein, dass uns Liebe vorgaukelt, nichts und niemand könne den Verlust des Geliebten wiedergutmachen. Ich nehme an, das hat mit dem Trauma dieser ersten Verlusterfahrung zu tun.«

Einige raschelten mit ihrem Papier, andere räusperten sich, bereiteten ihre Erwiderungen vor. Sokrates erhob als Erster das Wort: »Wir haben tatsächlich etwas gemeinsam. Unsere Theorien reduzieren Liebe jeweils auf andere Zustände und Prozesse, die noch fundamentaler sind. Oder besser: die wir für fundamentaler halten. In deinem Fall ist das der Trieb nach Lust, Erhaltung, Leben. In meinem Fall das Verlangen nach Weisheit. Vielleicht ist es daher auch kein Zufall, dass wir beide Probleme haben, die Unersetzbarkeit des Geliebten zu erklären, denn das ist etwas Spezielles an der Liebe, das sie von den allermeisten Einstellungen unterscheidet. Wenn Immanuel recht hat, dann ähnelt ihr in dieser Hinsicht nur die Achtung. Triebe oder Wünsche oder so können das schlecht erklären.«

»Macht es doch wie Søren und ich!«, rief Max dazwischen. »Wir machen es genau andersherum und reduzieren alles Mögliche auf die Liebe. Ich glaube zum Beispiel, dass die Liebe erklärt, was unsere Sinne von der Welt erhaschen und worüber wir nachdenken. Weil sie unsere Aufmerksamkeit bestimmt. Unsere Erkenntnis der Welt ist von der Liebe geleitet, die Liebe ist primär!«

»Schhh«, zischte Simone etwas despektierlich. »Das lenkt uns doch jetzt ab. Außerdem habt ihr euch das mit dem Primat der Liebe bei Augustinus abgeguckt.« Max schmollte kurz, fing sich dann aber wieder.

Augustinus nutzte die Unterbrechung, um eine neue Frage zu stellen: »Sigmund, was genau verstehst du eigentlich unter einem Trieb? Ist das einfach ein anderes Wort für einen bestimmten biologischen Vorgang? Wenn ich richtig informiert bin, sagen heutzutage einige, Liebe sei nichts anderes als ein bestimmter neurochemischer Vorgang im Gehirn. Ich glaube, da geht es insbesondere um die Hormone Dopamin und Oxo...Oxy...Oxyt-o-c-i-n. Meinst du das so?«

~♥~

Neurowissenschaftlichen Forschungen zufolge gehen Verliebtheit und Liebe mit gewissen Hormonausschüttungen im Gehirn einher. In Experimenten der Anthropologin Helen Fisher konnten zum Beispiel höhere Dopamin-, Oxytocin- und Vasopressinlevel bei Verliebten nachgewiesen werden, wenn sie ihre Liebsten sehen oder auch nur an sie denken. Der Dopaminausstoß steht in Verdacht, für die gefühlte Intensität und den beinahe obsessiv anmutenden Fokus eines/r Verliebten auf den/die Geliebte verantwortlich zu sein. Oxytocin und Vasopressin sind dagegen als Bindungshormone bekannt, die auch bei frischgebackenen Eltern ausgeschüttet werden. Die genaue Interpretation dieser Ergebnisse ist natürlich umstritten.

»Das habe ich auch gelesen«, nickte Immanuel und verwies auf einen Stapel neuerer Zeitschriften, die in einer Ecke des Zimmers lagen.

»Entschuldigung, aber das kann Sigmund wohl nicht so meinen!«, rief Simone. »Was würde er denn dann zu Wesen sagen, die keinen menschlichen Körper haben? Stellt euch mal vor, wir fänden Leben auf einem anderen Planeten: Dort gäbe es Wesen, die uns in ihrem Verhalten sehr ähnlich sind. Unter anderem wären sie auch in der Lage, tiefe Gefühle füreinander zu hegen, füreinander zu sorgen und all das zu tun, was bei uns den Namen ›Liebe‹ verdient. Ihre Körper hätten sich aber anders entwickelt als die unsrigen und so etwas wie Dopamin und Oxytocin gäbe es bei ihnen gar nicht. Wenn wir Liebe nun mit der Ausschüttung dieser Hormone *identifizieren* würden, dann müssten wir ja behaupten, dass diese Wesen keine Liebe füreinander empfinden – und das wäre doch ganz und gar unglaubwürdig.«

»Ja, und wir würden auch ausschließen, dass Roboter lieben können, denn statt Dopamin und so weiter haben sie ja nur Blech im Kopf!«, pflichtete Immanuel bei.

»Dopamin, Roboter …«, Sokrates schüttelte bewundernd den Kopf.

»Tu doch nicht so! Wer ein Smartphone besitzt, hat auch schon von Robotern gehört!«, feixten die anderen.

Simone machte weiter: »Ob Roboter lieben können, ist eine schwierige Frage. Vielleicht kommen wir später darauf zurück? Aber es scheint mir keine gute Strategie zu sein, Liebe von vornherein auf Wesen zu beschränken, die unsere Biologie teilen. Das hat etwas Willkürliches. Liebe muss mehrfach realisierbar sein, wenn ihr wisst, was ich meine. Mentale Zustände wie Wünsche, Überzeugungen, und so weiter – für die gilt das ebenfalls.«

Viele nickten, und Iris fügte hinzu: »Außerdem haben wir ja nicht Hormonausschüttungen im Sinn, wenn wir das Wort ›Liebe‹ verwenden – wenn wir zum Beispiel jemandem unsere Liebe gestehen. Der Satz ›Ich liebe dich‹ bedeutet ja nicht ›Mein Dopaminlevel steigt, wenn ich dich sehe‹. Die Botschaft ist eine andere, ist viel gewichtiger. Sie enthält eine Geschichte davon, dass etwas mit der Sprecherin geschehen ist: Dass ihr Leben nicht mehr so sein wird wie vorher; dass sie verletzlich geworden ist; dass sie die Welt jetzt anders sieht; dass ihre Sorgen, Ängste, Freuden, Nöte nun andere sein werden. Das heißt nicht, dass Liebe gar nichts mit Hormonen zu tun hat. Es mag sein, dass Dopamin, Oxytocin und dergleichen zum Teil *ursächlich* für diesen neuen Zustand sind, oder seine *Träger*. Und vielleicht haben sie sich evolutionär entwickelt, um genau diese Aufgabe zu übernehmen. Um das auszutüfteln, müssten wir tiefer in Fragen zum Leib-Seele-Verhältnis einsteigen.« Sie blickte Immanuel an. »Aber auch ohne diese metaphysische Diskussion können wir die simple Identitätsthese von den Hormonen getrost ausschließen.«

»Ich weine ihr keine Träne hinterher!«, rief Max.

»Wollen wir mal so ganz grob sagen, dass Liebe eine noch näher zu bestimmende mentale Repräsentation des Geliebten ist, die eine besondere Bedeutung für die Liebende hat, ähnlich wie Iris das schildert?«, Simone wollte Nägel mit Köpfen machen. »Wir würden damit noch offenlassen, ob sie eine Überzeugung, ein Urteil, ein Wunsch, eine Emotion, ein Trieb oder was auch immer ist – falls Triebe überhaupt mentale Repräsentationen sind. Aber wir würden uns darauf festlegen, dass Liebe eine geistige Haltung mit einem Inhalt ist: Liebe hat ein Objekt, man liebt *jemanden*. Hormone haben aber kein Objekt.«

»Gut, dann können wir ja jetzt wieder über Sigmunds Theorie nachdenken. Was ist deiner Meinung nach ein Trieb, Sigmund? Hoffen wir mal, dass du Triebe nicht einfach mit bestimmten biologischen Prozessen gleichsetzt...«, wiederholte Augustinus seine Frage.

Sigmund musste lachen: »Oh ha, da habt ihr ein heikles Thema angesprochen, meine Lieben. Es ist nicht leicht zu definieren, was ein Trieb ist, und ich war nie ganz zufrieden mit meinen Versuchen und den Vorschlägen der psychoanalytischen Gesellschaft. Trotzdem kann man so viel festhalten: Ich meine damit ein Phänomen, das weder ein Instinkt noch ein schlichter Wunsch ist. Ich habe mal geschrieben, ein Trieb sei eine mentale Repräsentation einer körperlichen Reizquelle, die kontinuierlich fließt. Seht ihr – eine mentale Repräsentation, ein Glück! Sicherlich mehrfach realisierbar. Im Prinzip spricht nichts dagegen, dass auch Aliens libidinös sind, keine Angst. Eben *weil* ein Trieb eine mentale Repräsentation dieser Reizquelle ist, unterscheidet er sich vom Instinkt: Er agiert im Geiste, nutzt die Vorstellungskraft und ist daher viel variabler als der Instinkt, dessen Objekt und Ziel mehr oder weniger evolutionär festgelegt sind. Da die Libido bei Menschen mehr als ein Instinkt ist, kann sie sich auch auf Objekte richten, die nicht im klassischen Sinne mit Sex geschweige denn mit Reproduktion zu tun haben. Das führt oft zu Perversionen und Fetischismen, die aber nicht immer problematisch sind – im Gegenteil: Viel Kunst und Kulturleistung hat mit der Sublimierung unserer libidinösen Triebe zu tun, mit dem Umlenken dieser inneren Kräfte in schöpferische Bahnen. Und ihr Ziel ist so breit angelegt, dass vielfältige Handlungen zu ihr passen: Ihr Ziel ist körperliche Lust, ja, aber wie gesagt die Art von körperlicher Lust, die man auch erfährt, wenn man etwas Schwieriges verstanden hat, möglicherweise auch beim Anblick der eigenen Kinder, beim Umarmen und Küssen – das gehört alles zusammen, sprudelt alles aus derselben Quelle.«

»Vielleicht gibt es so etwas wie Triebe und vielleicht ist die Libido ein zentraler Trieb im Menschen. Das mag alles sein«, leitete Augustinus seinen Einwand ein. »Aber meines Erachtens ist die Liebe damit noch nicht abgedeckt. Libido allein reicht einfach nicht aus, um Liebe in ihrer ganzen Tragweite zu erklären. Wenn wir dir folgen würden, dann müssten wir ja nicht nur die Unersetzbarkeit des Geliebten *ad acta* legen und zur Täuschung degradieren. Sondern auch all das, was Søren und Iris in Ansätzen schon angesprochen haben und was die Liebe von anderen libidinösen Aktivitäten unterscheidet, würde unerklärlich. Zum Beispiel ist Liebe doch ein Verlangen, mit dem eine besondere Art von *Sorge* um ihr Objekt einhergeht. Jemand, der einen Schuh-Fetisch hat, sorgt sich nicht in der Weise um seine Schuhe wie eine Liebende um ihren Geliebten. Die Sorge der Liebenden ist ernst: Ihr Wohl und Wehe hängt zentral am Wohl und Wehe ihres Geliebten, ja, sie würde sogar ihr Leben für ihn geben. Es wäre verrückt, wenn jemand für ein Paar Schuhe so weit gehen würde – so jemand bräuchte dringend psychologische Hilfe! Aber in einer Liebesbeziehung würden wir das anders beurteilen. Nicht als verrückt, sondern unter Umständen verständlich und dem Gewicht der Liebe und des Geliebten entsprechend.

Ferner ist Liebe doch von einer Glückserfahrung begleitet, die schwer in Worte zu fassen ist. Sie hat etwas mit Seligkeit zu tun. Denkt mal an den

Moment, in dem ihr zum ersten Mal euer Kind gesehen habt. Oder an einen besonderen Moment mit eurem Geliebten, in dem euch eure Liebe klar vor Augen stand. Diese Freude, die einem das Herz füllt und hoffen lässt, dass das Leben lang sein möge, die hat man nicht mit anderen Objekten der Libido. Sie ist der Liebe eigentümlich. Wenn wir Liebe auf Libido reduzieren, können wir das alles nicht erklären. Oder müssen es zumindest wegerklären, indem wir es als Überhöhung und somit letztlich fehlgeleitet einstufen.«

Augustinus hielt inne und es wurde still, bis Søren sagte: »Und jetzt stehen wir wieder vor der Entscheidung: An die Liebe glauben – oder sie für ein Hirngespenst halten. Ich springe jetzt in den Glauben an die Liebe. Und denen, die an sie glauben, schenkt sie das Himmelreich.«

»Hm, das mit dem Himmelreich finde ich etwas übertrieben ...«, meinte Simone. »Aber noch mal was anderes. Sigmund, du sagst, deine Theorie beruhe auf Beobachtungen deiner Patienten. Hast du denn nie beobachtet, wie jemand über den Verlust des Geliebten trauert?«

»Doch, oh doch. Aber um das zu erklären, muss man meines Erachtens nichts anderes als Libido bemühen. Und je einfacher die Theorie, je weniger sie voraussetzen muss, desto besser ist sie, nicht wahr? Jedenfalls habe ich bisher immer so gedacht. Nun lasst mir ein wenig Zeit, um über eure Einwände nachzudenken.«

Kapitel 5

Kann man Maschinen lieben?

Augustinus interessiert sich für Künstliche Intelligenz und Sexroboter. Die Tischgesellschaft zerbricht sich den Kopf über die Bedeutung von Bewusstsein.

Immanuel schaute auf seine Uhr und sprang auf. »Meine Suppe!« rief er, während er aus der Tür und die Treppe hinunter zur Küche eilte. Sokrates, der auf seinen Wanderungen durch das Zimmer sowieso gerade an der Türschwelle angekommen war, lief ihm hinterher, um beim Tragen zu helfen. Wenig später kamen sie mit Tellern, Besteck und einem dampfenden Topf zurück. »Ein einfaches Linsengericht«, erklärte Immanuel und servierte mit einer großen Kelle. Sokrates schnitt das Brot, verteilte Wasser und kaute vergnügt an einem Stück Rinde, das beim Schneiden abgefallen war. »Gibt es auch Wein?«, fragte Sigmund vorsichtig. Immanuel öffnete wortlos sein Jackett. Dort steckten sage und schreibe zwei Flaschen feinen Rotweins, die er nun gekonnt öffnete und mitten auf den Tisch stellte. Sigmund übernahm das Einschenken.

»Es ist vorzüglich!«, lobte Iris und alle pflichteten ihr bei. Augustinus hatte sich in der Zwischenzeit eine der Zeitungen geschnappt, die in der Ecke vor sich hinwelkten. »Ich suche nach Artikeln über diese Roboter, die ihr eben erwähnt habt … Künstliche Intelligenz nennt man das. Sehr interessant«, erklärte er als Antwort auf fragende Blicke, blätterte weiter und führte gleichzeitig den Löffel zum Mund.

»Die Leute sind heutzutage fasziniert von Filmen über Beziehungen zwischen Menschen und Robotern. Hier: Fast jedes Jahr kommt ein neuer Streifen heraus!« Er zeigte auf ein paar Fotos, die eine Filmkritik zierten. »In den Filmen sind die Roboter beinahe menschengleich: Sie sehen nicht nur so aus wie wir, sie reden auch so, verhalten sich ganz ähnlich, scheinen die gleichen Emotionen zu zeigen und so weiter. Und dann verliebt sich meist ein Mensch in einen Roboter und man weiß nicht recht, ob er zurückgeliebt wird oder nicht – die Zuschauer müssen entscheiden. Es sieht natürlich so aus, als ob die Liebe gegenseitig ist, aber dürfen wir dem Schein trauen? Ist da *jemand* hinter den Roboteraugen? Und *kann* man Roboter überhaupt ernsthaft lieben? Das treibt die Kritiker um.«

»Hängt das nicht davon ab, ob die Roboter Bewusstsein haben?«, meldete sich Simone. »Ohne Bewusstsein sind sie doch nichts weiter als besonders ausgeklügelte Rechner. Einfach nur Sachen. Und eine Sache kann weder lieben noch wirklich geliebt werden. Beziehungsweise: Wenn man sie liebt, dann nur, weil man einen Fehler macht und sie zum

Beispiel personifiziert – so wie Kinder ihre Puppen personifizieren. Das hatten wir doch eben schon, als es um die Schuhe ging: Schuhe können unter Umständen Objekte der Libido sein, aber sie können nicht geliebt werden, nicht als solche. Genauso ist es mit anderen Sachen ohne Bewusstsein.«

»Ich denke auch, dass man reine Sachen nicht lieben kann«, nickte Immanuel am Tischende. »Jedenfalls nicht, wenn ganz klar ist, dass es Sachen sind, und man keiner Täuschung aufsitzt. Und auch in solchen Täuschungsszenarien liebt man ja nicht wirklich die Sache selbst, sondern das, womit man sie verwechselt – ein *Phantom*. Wir sprechen zwar manchmal davon, dass wir Schokolade lieben, aber das ist offensichtlich eine Übertreibung und drückt einfach aus, wie gern wir Schokolade essen. Es ist ein bisschen komplizierter, wenn jemand von sich sagt, er liebe ein bestimmtes Kunstwerk – die Pietà oder die Mona Lisa oder so. Kunstwerke kann man auch nicht in dem Sinn lieben, wie man Menschen liebt, aber anders als bei der Schokolade kann man sich um sie sorgen und sie unabhängig von selbstbezogenen Interessen bewahren wollen. Aber es gibt ein Limit. Sie sind nie in derselben Weise unersetzbar wie Menschen. Sie sind eben keine Zwecke an sich, sondern ihr Wert liegt in dem, was sie uns mitteilen, und das kann im Prinzip auch ein anderes Kunstwerk oder eine exakte Kopie übernehmen. Wir hängen am Original, aber nur, weil es uns dem oder der Künstlerin näherbringt. Der Wert des

Kunstwerks bleibt ein im Prinzip übertragbarer. Wir haben ja schon besprochen, dass es bei Menschen anders ist … Und wenn Liebe impliziert, dass man den Geliebten unersetzbar findet, na dann kann man auch Kunstwerke nicht ernsthaft lieben.«

»Komm mal zurück zum Punkt, Immanuel. Wir waren doch gerade bei den Robotern«, mahnte Simone.

»Entschuldigung, ja, also: Eigentlich wollte ich nur bestätigen, dass man Sachen nicht ernsthaft lieben kann. Wenn Roboter nur Sachen sind, kann man sie folglich auch nicht lieben. Ich frage mich nur, ob Bewusstsein das relevante Unterscheidungsmerkmal ist, und wenn ja, warum. Was ist so besonders an Bewusstsein, dass nur bewusste Wesen geliebt werden können?«

»Na ja, bewusste Wesen sind Individuen: Sie bilden eine unteilbare Einheit, weil sie eine Perspektive auf die Welt haben«, erklärte Simone. »Perspektiven haben einen und nur einen Ausgangspunkt. Der Ausgangspunkt dieser Perspektive – dieser *Ur*perspektive – ist das Ich. Es vereint die Sinneseindrücke und allgemein alle mentalen Ereignisse im Kopf. Ist auch der Akteur der mentalen Handlungen, sofern man derer fähig ist.«

»*Mentale* Handlungen?«, fragte Max dazwischen.

»So etwas wie nachdenken, sich etwas vorstellen, planen und so weiter. Im Gegensatz zu Ereignissen im Geist, die keine Handlungen sind, weil sie einem einfach widerfahren, wie sich plötzlich an etwas erinnern oder sich freuen oder so. Aber egal, mein Punkt sollte sein, dass Bewusstsein Individualität bedeutet, und dass Liebe eine Einstellung ist, die wir nur gegenüber Individuen haben können.«

»Also auch gegenüber Tieren? Die haben ja auch Bewusstsein und sind folglich auch Individuen.«

»Ja, warum nicht? Menschen lieben doch ihre Hunde, Katzen und Pferde, und warum sollten sie nicht auch Löwen oder Elefanten lieben können? Oder Kühe!« Simone war sichtlich erfreut über ihren Einfall.

»Und wie ist es mit Krokodilen oder Goldfischen? Oder Spinnen? Oder Eintagsfliegen?« Max schüttelte sich bei dem Gedanken an Spinnen.

»Klar ist es leichter, Tiere zu lieben, die uns näher sind und mit denen wir eine Beziehung aufbauen können. Also hoch entwickelte Säugetiere. Aber es scheint mir nicht ausgeschlossen zu sein, dass man auch die anderen lieben kann. Bei den Eintagsfliegen kommt uns das vielleicht nur deshalb so seltsam vor, weil wir uns nicht sicher sind, ob sie wirklich Bewusstsein haben oder nicht ...«

»Hm, diese Tierbeispiele legen aber doch nahe, dass es nicht allein die Anwesenheit von Bewusstsein, sondern vielmehr Beziehungsfähigkeit, möglicherweise sogar *Liebesfähigkeit* ist, die es uns ermöglicht, ein Wesen zu lieben. Deshalb fällt es uns leicht, Säugetiere zu lieben, während wir uns Liebe zu Amphibien und dergleichen nur schwer vorstellen können.« Max ließ nicht locker. »Es gibt auch einen Grund dafür: Liebe geht mit dem Wunsch nach Gegenliebe einher und diesen Wunsch kann man nur hegen, wenn der Geliebte wenigstens prinzipiell in der Lage ist, die Liebe zu erwidern. Bei einer Eintagsfliege ergibt der Wunsch überhaupt keinen Sinn, deshalb kann man sie auch nicht lieben, ganz unabhängig davon, ob sie bewusst ist.«

»Kann man sich nicht Unmögliches wünschen?«, flüsterte Søren dazwischen.

»Ich denke nicht«, erwiderte Max erstaunlich geduldig. »Man strebt ja aktiv an, was man sich wünscht, und Unmögliches kann man nicht aktiv anstreben, oder? Jedenfalls: Ob man Roboter lieben kann, hängt dann nicht nur davon ab, ob sie Bewusstsein haben, sondern ob sie *ihrerseits* liebesfähig sind. Ich sage ›nicht nur‹, weil ich davon ausgehe, dass nur bewusste Wesen liebesfähig sind. Sie müssen den Geliebten ja mental repräsentieren, sich also geistig auf ihn richten können. Aber nicht jedes Wesen mit Bewusstsein ist unbedingt liebesfähig.«

»Warte mal, nicht so schnell!«, bremste Augustinus. »Ich denke gerade noch über die Sache mit der Individualität nach. Das, was Simone erwähnt hat. Die Idee wäre, dass man als Individuum ein *Jemand* ist und kein Ding. Vielleicht sollten wir einen Jemand einfach ein ›Subjekt‹ nennen. Ein Subjekt hat durch seine Perspektive auch eine Haltung zur Welt. Manchmal eine sehr rudimentäre

Haltung, wie bei einer Ente oder einer kleinen Maus, und manchmal eine sehr komplexe, wie bei Menschen. Die menschliche Haltung ist sogar selbstreflexiv, weil Menschen sich ja bewusst sind, dass sie bewusst sind. Und eventuell befähigt sie das zu so etwas wie mentalen Handlungen? Möglicherweise muss man sich des eigenen Bewusstseins bewusst sein, um es selbst so lenken und beeinflussen zu können, wie man es beim Nachdenken und ähnlichen geistigen Aktivitäten tut. Ein Subjekt ist in jedem Fall ein Wesen mit einem Innenleben, oder besser: einem *Eigen*leben. Und irgendwie kommt einem da doch wieder der Begriff der Würde in den Sinn. Etwas mit einem Eigenleben kann nie nur ein Mittel zu einem Zweck sein, ist immer auch einfach *für sich selbst* da. Man ist verleitet zu sagen, dass ein Subjekt ein Zweck an sich und damit eben würdevoll beziehungsweise unersetzbar ist, wie wir es eben schon diskutiert haben. Obwohl ich vorhin behauptet habe, dass nur Gott ein Zweck an sich ist, frage ich mich jetzt, ob das nicht eigentlich für jedes bewusste Wesen gilt ... « Er drehte an seinem Kugelschreiber und schrieb etwas auf, schüttelte dann den Kopf, dachte weiter nach.

»Und das würde wiederum erklären, warum man ein mögliches Objekt der Liebe wird, wenn man ein Subjekt ist.«, fügte Immanuel dazu.

»Genau ... «

»Ich will ja auch nicht bestreiten, dass es wichtig ist, ein Bewusstsein zu haben und ein Subjekt zu sein! Und es mag durchaus sein, dass man als solches Würde hat und entsprechend Achtung verdient. Aber um *geliebt* werden zu können, ist doch möglicherweise noch mehr vonnöten. Ebendiese Liebesfähigkeit«, kam es jetzt wieder von Max.

»Und was macht uns liebesfähig?«

»Eine Grundbedingung ist wohl, überhaupt Interesse an diesem Unterschied zwischen Subjekten und Dingen zu haben. Liebesfähige Wesen fühlen sich zu anderen Subjekten hingezogen. Warum? Weil sie kommunizieren wollen! Und das geht halt nur mit einem Wesen, das ebenfalls eine Perspektive und damit eine Haltung zur Welt hat. Dann gibt es nämlich etwas, über das man sprechen kann. Etwas Aufregenderes gibt es für uns doch gar nicht: andere Geistwesen, mit denen wir in Interaktion treten können.« Max machte wieder die ausladende Bewegung, die man nun schon von ihm kannte.

Sokrates strahlte: »In manchem stimmen wir doch überein, Max«, sagte er und klopfte ihm auf die Schulter.

»Neuesten Studien zufolge zeigen menschliche Babys dieses Interesse übrigens schon ganz früh, schon in den ersten Tagen und Wochen.«

»Hört, hört! Neueste Studien!«, amüsierte sich Sigmund.

~♥~

Dass Säuglinge mehr oder weniger vom ersten Tag an ein besonderes Interesse an Gesichtern, Mimik und

Sprache haben, ist gut belegt. Ein bekanntes Buch zu diesem Thema ist *The Interpersonal World of the Infant* von Daniel N. Stern. Ihm zufolge lernen Säuglinge schon in den ersten drei Monaten zwischen Subjekten und reinen Objekten zu unterscheiden.

Max blieb ernst: »Natürlich haben Babys noch keinen Begriff von einem Subjekt im Gegensatz zu einem Ding, aber sie reagieren ganz anders auf menschliche Zuwendung als auf Computerstimmen und dergleichen. Sogar auf Tiere reagieren sie nach wenigen Tagen und Wochen mit viel mehr Interesse als auf Computer.«

»Und was ist mit Sorge für andere und Mitleidfähigkeit? Sind das nicht weitere Bedingungen für Liebesfähigkeit?« Iris war länger still gewesen. »Die Möglichkeit, von sich selbst abzusehen, ja, sich hingeben zu können – das ist doch auch wichtig. Das braucht man nämlich, wenn es mit der Kommunikation klappen soll. Um andere zu verstehen, muss man sich ihrer Perspektive annähern, in ihre Schuhe schlüpfen können. Empathie und Sympathie sind nicht so unabhängig voneinander, wie manche meinen. Empathie, also Einfühlungsvermögen, geht immer mit einem gewissen Grad an Sympathie einher. Denn wenn wir in die Schuhe eines anderen schlüpfen, sehen wir nicht nur unbeteiligt, was ihn bewegt und warum, sondern wir lassen uns mitbewegen. Wir spüren zum Beispiel die

Beweggründe für seine Handlungen – wir spüren wenigstens ansatzweise den Sog, den sie für ihn auslösen, und erleiden seine Nöte und spüren seine Freuden. Und so leiden und freuen wir uns mit ihm, was nichts anderes ist als Sympathie – *Mit*leid oder *Mit*freude.«

»Was hieße das für die Roboter? Um sie wahrhaft lieben zu können, müssten sie selbst liebesfähig sein. Das heißt, sie müssten nicht nur Bewusstsein haben, sondern sowohl ein eigenständiges Verlangen nach Kommunikation als auch Sorge und Mitleid verspüren können. Das ist ganz schön viel verlangt.« Immanuel war skeptisch.

»Stimmt. Zu viel. Wenn man nur lieben kann, wo bereits Liebesfähigkeit besteht, dann fallen ja auch ziemlich viele Menschen als Geliebte aus. Zum Beispiel Babys. Selbst wenn Max recht hat und sie früh Interesse an anderen Subjekten zeigen, erfüllen sie wahrscheinlich nicht diese ganzen Bedingungen. Aber wir würden ja nicht sagen wollen, dass Eltern ihre Babys nicht lieben können! Sie lieben wahrscheinlich nichts mehr auf dieser Welt als diese verschrumpelten, wortlosen Winzlinge mit den ernsten Blicken. Sie haben ja das Gefühl, einen Einblick ins Himmelreich zu bekommen …«, meinte Augustinus.

»Sie sehen voraus in die Zukunft der Babys! Liebende Eltern sehen die Liebesfähigkeit ihrer Kinder, die jetzt noch in ihnen schlummert, aber teilweise durch ihre Liebe zur Entfaltung kommt«, erwiderte

Max und schien sich seiner Sache recht sicher zu sein.

»Außerdem sollten wir Babys wirklich nicht unterschätzen«, kam es jetzt wieder von Sigmund. »Sie können viel mehr, als man auf den ersten Blick sehen kann. Ich würde nicht ausschließen, dass sie auch schon lieben können.«

»Gut, aber es gibt ja noch andere Beispiele«, entgegnete Augustinus. »Was ist mit Menschen, die sich mit Sorge und Mitleid schwertun? Zum Beispiel Narzissten. Die kann man doch lieben? Das ist dann eine leidvolle Liebe, unter anderem weil sie unerwidert bleibt. Aber sie ist nicht ausgeschlossen.«

»Nur zur Klarstellung: Wir reden hier über Liebes*fähigkeit* und nicht tatsächliche Gegenliebe, oder? Denn natürlich können wir Menschen lieben, die uns nicht zurücklieben. Sokrates hat zwar anfangs das Gegenteil behauptet, aber das finde ich nach wie vor unglaubwürdig. Max' These ist aber eine schwächere, nämlich dass man niemanden lieben kann, der nicht im Prinzip liebes*fähig* ist, nicht?« Simone erntete zustimmendes Nicken.

»Aber vielleicht können Liebende nicht anders, als auch entgegen allem Anschein die Liebesfähigkeit ihrer Geliebten anzunehmen«, murmelte Søren jetzt und wurde wieder rot. Alle verstummten, um ihm zuzuhören.

»Wahrhaft Liebende sehen den Geliebten als ihren Nächsten, ihren Nachbarn, auf Gott gestützt, *in* Gott wandelnd. Und wo Gott ist, da ist Liebe. Ich sehe im Anderen seine Liebe. Aber ich habe dafür keine Evidenz, die ich der hiesigen Welt vorzeigen könnte. Und eigentlich hat Sokrates recht.« Mit den Worten kam die Entspannung, wie schon vorhin. »Wir sehen nicht nur ihre Liebesfähigkeit, sondern wir sehen, dass sie *uns* lieben.« Er hielt inne.

»Glaubst du denn, dass wir Roboter lieben können? Und dass sie uns lieben können?«, fragte Immanuel.

Søren war still und es war nicht klar, ob er zu antworten beabsichtigte oder nicht. Dann sprach er doch:

»Ich weiß nur eins. Es ist schlimmer, aus lauter Vorsicht vor einer möglichen Täuschung nicht zu lieben, als zu lieben und einer Täuschung aufzusitzen. Natürlich kann man nur Personen lieben oder Subjekte oder wie immer ihr das nennen mögt. Die mit Gott sind. Aber falls es einmal so weit kommen sollte, dass wir den Unterschied zwischen Menschen und Robotern nicht mehr spüren können, dass die Grenzen verschwimmen, dann gehören sie vielleicht zu den Personen, Subjekten, Nachbarn.«

Immanuel nickte: »Ja, falls künstliche Intelligenzen einmal so weit entwickelt sind, dass sie für uns von Menschen ununterscheidbar geworden sind, sollten wir uns auch moralisch auf der sicheren Seite bewegen: Es ist besser, eine Sache fälschlich als Zweck an sich zu behandeln, als einen Zweck an sich fälschlich als Sache zu behandeln. Wenn wir uns nicht sicher sind, sollten wir die Roboter also wie Menschen behandeln. Im Zweifel für die Roboter!«

»Im Augenblick ist man aber weit davon entfernt.« Augustinus zeigte auf einen anderen Artikel. »Roboter werden immer intelligenter – sind inzwischen oft künstliche Intelligenzen –, aber den Turing Test bestehen sie noch nicht!«

»Den Was-Test?«, fragte Max.

»Den Turing Test. Hier steht es: Man lässt eine menschliche Testperson für eine bestimmte Zeit mit einem Roboter und mit einem anderen Menschen kommunizieren. Wenn die Testperson danach nicht angeben kann, wer von den beiden der Roboter und wer der Mensch ist, hat der Roboter den Test bestanden. Alan Turing meinte, dass wir den Roboter in diesem Fall zu den Menschen zählen und davon ausgehen sollten, dass er Bewusstsein hat, was natürlich ziemlich kontrovers diskutiert wird. Allerdings bisher rein theoretisch. Denn obwohl künstliche Intelligenzen in letzter Zeit besser und besser werden, hat noch keine Maschine diesen Test bestanden. Wenigstens nicht, wenn sich das Gespräch frei entwickelt und es kein festgesetztes Thema gibt. Wenn wir in direktem Kontakt mit Robotern stehen, sind wir immer noch ziemlich gut darin, sie als solche zu identifizieren.«

Der Mathematiker Alan Turing schlug 1950 ein Verfahren vor, das ermitteln soll, wie gut ein bestimmter Roboter im »Imitation Game« ist. Daraus ergab sich später der sogenannte »Turing Test«: Eine menschliche Testperson kommuniziert für eine festgesetzte Zeit über eine Tastatur und ohne Bild und Ton mit einem Roboter und einem Menschen, weiß aber nicht, wer von beiden wer ist. Am Ende soll sie angeben, wer der Roboter und wer der Mensch ist. Liegt sie falsch, hat der Roboter das »Imitation Game« gewonnen. Turing selbst vermutete, dass es bis zum Jahr 2000 Roboter geben würde, die in 30 Prozent der Fälle gewinnen. Hätte er noch gelebt, wäre er enttäuscht gewesen: Trotz der rasanten Entwicklungen im Bereich der künstlichen Intelligenz hat noch kein Roboter die 30-Prozent-Marke erreicht (obwohl es einige Fälle gibt, die kontrovers diskutiert werden). *Was* der Turing Test *genau* testet und was aus den Ergebnissen folgt, ist in der Philosophie außerdem sehr umstritten: Sollte man einem Roboter Denkvermögen zuschreiben, wenn er gewinnt? Und dann auch Bewusstsein? Und was würde daraus moralisch und sozial folgen?

»Steht da auch, woran man das merkt? Wie unterscheidet sich denn ein Gespräch mit einem Roboter von einem Gespräch mit einem Menschen?«, erkundigte sich Iris und lehnte sich rüber zu

Augustinus, um einen Blick in den Artikel zu werfen.

»So genau steht das hier nicht«, antwortete er. »Wahrscheinlich ist es von Fall zu Fall unterschiedlich? Manchmal wird es ganz simpel sein: Im Gegensatz zu dem Menschen kann der Roboter manche Fragen einfach nicht beantworten und nicht flexibel auf alle möglichen Wendungen im Gespräch reagieren. Aber in anderen Fällen können die Testpersonen vielleicht gar nicht genau angeben, worin der Unterschied besteht und haben einfach ein *Gefühl*. Also ein Gefühl der Echtheit, wenn sie mit einem Menschen kommunizieren, der *versteht*, was sie sagen, und nicht einfach einem Programm für Gesprächsführung folgt. Und ein Gefühl der Künstlichkeit, wenn es nicht so ist.«

»Aber ob wir in der Lage sind, zwischen Robotern und Menschen zu unterscheiden, und was moralisch von uns gefordert ist, wenn wir es nicht mehr sind, ist doch verschieden von der Frage, ob Roboter wirklich in dem Sinne bewusst sind wie Menschen. Mit anderen Worten: Ob sich Roboter wie Menschen verhalten oder nicht, also bewusst zu sein *scheinen* oder nicht, gibt wenig Auskunft darüber, ob sie es nun sind oder nicht«, gab Simone zu bedenken.

»Ja, das ist wohl wahr«, antwortete Immanuel. »Es gibt aber keinen Beweis für die Anwesenheit von Bewusstsein. Kann es meines Erachtens gar nicht geben! Bei uns selbst sind wir uns sicher:

Natürlich weiß ich von mir, dass ich bewusst bin. Aber das kann ich anderen schlecht beweisen. Wenn sie mir in den Kopf schauen könnten, würden sie nur graue Masse sehen – Bewusstsein ist empirisch nicht nachzuweisen. Physikalisten, die an die Identität von Gehirn und Geist glauben, würden hier spezifizieren: ist *bislang* nicht nachzuweisen. Aber ich denke, dass man Bewusstsein schlechterdings nicht ›von außen‹ nachweisen kann. Ich *scheine* den anderen bewusst zu sein, wie auch sie mir bewusst zu sein *scheinen*, weil wir uns so ähnlich sind. Aber sinnlich wahrnehmen oder gar theoretisch herleiten können wir das Bewusstsein der jeweils anderen nicht. Wir schreiben es einander zu. Ganz natürlich und meist ohne groß darüber nachzudenken – und dennoch, es bleibt eine Zuschreibung.«

»Und was ist jetzt dein Punkt?« Simone machte ihr skeptisches Gesicht.

»Mein Punkt ist, dass du zwar recht hast, wenn du die Fragen unterscheidest: Jemand ist nicht allein deshalb bewusst, weil er uns in der Interaktion bewusst *erscheint*. Dass es aber keine andere Methode gibt, um Bewusstsein bei anderen nachzuweisen. Weder bei anderen Menschen noch bei Robotern. Und wir uns deshalb wohl oder übel auf diesen Schein verlassen müssen, auch wenn er natürlich prinzipiell fehlerhaft ist. Bisher scheinen uns Roboter nicht bewusst zu sein, aber wenn sich das einmal ändern sollte, wie es in den Filmen suggeriert wird, von denen in der Zeitschrift die Rede ist, sollten wir moralisch auf Nummer sicher gehen und sie wie Menschen behandeln. Und dann scheint mir auch Sørens Überlegung richtig zu sein: Es gibt dann keine guten Gründe mehr, Liebesbeziehungen mit ihnen von vornherein auszuschließen.«

»Hach, ich finde das schwierig«, Simone war noch nicht glücklich. »Warum sollte dieser Schein so wichtig sein? Meint ihr wirklich, dass sich die Situation dadurch so grundlegend verändert? Wie wäre es denn, wenn ein Roboter *fast* bewusst erscheint? In den meisten Fällen scheinen wir es mit einem Subjekt zu tun zu haben, nur ganz selten überkommen uns Zweifel, wenn sich die Interaktionen mit ihm irgendwie künstlich anfühlen. Dürfen wir ihn dann noch wie eine Sache behandeln? Irgendwie wäre das doch seltsam, wenn solche kleinen Unterschiede einen so großen moralischen Unterschied machen würden ... Ich weiß nicht. Ich finde, wir sollten das Ganze anders angehen. Wir müssen eben darüber nachdenken, was Bewusstsein eigentlich ist und ob nichtbiologische Wesen aus Blech und Kabeln im Prinzip in der Lage sein können, Bewusstsein zu entwickeln. Selbst wenn man Bewusstsein im einzelnen Fall nicht nachweisen kann, so sind doch solche allgemeinen Überlegungen zur Natur von Bewusstsein möglich und wichtig.«

Immanuel schwieg nachdenklich. Simone wartete kurz, aber als sich Immanuel nicht rührte, rief sie: »Jetzt habe ich noch eine ganz andere Frage!

Søren scheint davon auszugehen, dass Liebe in jedem Fall etwas Gutes ist, etwas, das wir nicht aus lauter Vorsicht aufs Spiel setzen sollten. Und Sokrates hat anfangs etwas Ähnliches gesagt – dass Liebe ein Riesenglück ist, das größte Geschenk der Götter an die Menschen und so weiter. Stimmt das eigentlich? Glaubt ihr das alle?«

»Halt, halt, der Zusammenhang zwischen Liebe und dem guten Leben ist ja jetzt wirklich etwas Neues«, meinte Augustinus. »Ich finde, das verdient eine neue Sitzung.«

Er stützte sich auf den Tisch, um sich zu erheben, und begann die Teller einzusammeln. »Wir haben aber noch ziemlich viele lose Enden in unserer Diskussion über Liebe zu und von Robotern. Ich halte mal fest: Weil wir davon ausgehen, dass Sachen keine geeigneten Liebesobjekte sind und auch nicht ihrerseits lieben können, hängt alles an der Frage, ob Roboter Sachen sind oder nicht. Sachen gegenübergestellt haben wir Subjekte: Subjekte sind Wesen mit Bewusstsein, das heißt, einer Perspektive und damit auch einer Haltung zur Welt, einem Eigenleben. Es scheint Konsens darüber zu herrschen, dass man *zumindest* ein Subjekt sein muss, um als Objekt der Liebe infrage zu kommen. Aber es gab Dissens bezüglich der Frage, ob Subjektivität schon ausreicht oder ob Liebesfähigkeit noch dazukommen muss. Ein Argument dafür wäre, dass Liebe notwendigerweise erwidert werden will und Wünsche aller Art nur dann angebracht sind, wenn es wenigstens *möglich* ist, sie zu erfüllen. In jedem Fall ist es zunächst einmal wichtig zu eruieren, ob Roboter bewusst sind oder nicht. Noch *scheinen* sie es nicht zu sein, sie bestehen den Turing Test derzeit noch nicht. Aber wir haben diskutiert, was wäre, wenn sie diesen Test irgendwann bestehen würden. Haben wir in dem Fall Grund, sie wie Subjekte zu behandeln, weil sie Subjekte zu sein scheinen? Mehr noch: Haben wir dann die moralische Pflicht, sie in unsere Mitte aufzunehmen? Die losen Enden sind also: Wann genau wird jemand zu einem Liebesobjekt? Und wie wollen wir bestimmen, ob Roboter Bewusstsein haben? Auf welche Evidenzen dürfen wir uns stützen?«

»Danke, Augustinus, das ist hilfreich.« Sigmund faltete seine Serviette. »Ich weiß, es lässt tief blicken, dass ausgerechnet ich mal wieder über Sex rede – aber ihr tut es ja nicht, wollt Liebe und Sex schön voneinander trennen, obwohl sie offensichtlich zusammenhängen und das Thema wichtig ist. Also, denkt noch mal an Sex: Was ist eigentlich mit Sexrobotern? Die werden immer populärer. Und man würde doch auf den ersten Blick denken, dass es in dem Fall gerade andersherum ist: Solange Roboter Sachen sind, darf man sie für alle möglichen sexuelle Zwecke gebrauchen. Aber sobald sie mehr als nur Sachen und womöglich mit Bewusstsein ausgestattet sind, wird das schnell problematisch und rückt in die Nähe von Missbrauch. Zumindest falls der Sex nicht einvernehmlich geschieht. Oder?«

»Du sagtest ›auf den ersten Blick‹. Auf den zweiten Blick ist es anders, nicht wahr? Denke ich auch …«, meinte Immanuel.

»Ja, ich denke darüber nach, ob es wirklich so unproblematisch ist, Sexroboter zu gebrauchen, selbst wenn sie noch den Status von Sachen haben. Die Attraktion dieser automatisierten Puppen ist ja, dass sie unserer Vorstellungskraft unheimlich auf den Weg helfen: Sie machen es leicht, sich vorzustellen, dass sie echte Subjekte sind, obwohl wir eigentlich wissen, dass es nicht so ist. Beim Sex spielt die Vorstellungskraft eine wichtige Rolle, deshalb findet ja wenigstens menschlicher Sex zu großen Teilen im Kopf statt. Und nun ist die Frage, ob es in Ordnung ist, sich vorzustellen, der Roboter wäre ein Mensch, ein Subjekt, wenn man gleichzeitig vollkommen über ihn verfügt und die moralischen Grenzen nicht existieren, die einem ein echtes Gegenüber setzen würde.«

»Du interessierst dich ja für Moral, Sigmund!«, lobte Immanuel leicht schulmeisterlich.

»Klar! Es ist ein Missverständnis, dass mir moralische Fragen egal wären. Ich urteile nur einfach nicht so schnell über andere, versuche erst mal, sie zu verstehen. Sex ist moralisch interessant, unter anderem weil Sex typischerweise von Fantasien begleitet wird, die man nur schlecht kontrollieren kann, die vom Unbewussten gesteuert werden und die mit frühkindlichen Ängsten und Lüsten zu tun haben. Und mit Assoziationen, die sich damals bei diesen Emotionen gebildet haben und die man später ohne Analyse schlecht nachvollziehen kann. Deshalb ist dir Sex ja so suspekt, mein Lieber.«

Immanuel schaute verlegen zur Seite und murmelte: »Nicht nur deswegen. Auch ohne diese Fantasien ist Sex oft ausbeuterisch. Man erniedrigt den anderen zu einem Mittel zum Zweck der eigenen Befriedigung. Das kann nur unter ganz bestimmten Bedingungen erlaubt sein – Einvernehmen ist noch zu schwach. Es muss einen richtigen Vertrag geben, bei dem beide Partner als völlig gleichberechtigte Akteure auftreten und vereinbaren, dass beide sich gegenseitig in dieser Weise gebrauchen dürfen.« Das Thema war ihm sichtlich unangenehm.

Iris kam ihm zu Hilfe: »Ach, ich glaube nicht, dass wir uns beim Sex notwendigerweise als Mittel gebrauchen«, rief sie locker. »Sex widerspricht doch gar nicht der Anerkennung des Anderen als Subjekt und Zweck an sich. Sex kann manchmal geradezu Ausdruck dieser Anerkennung sein, zum Beispiel, wenn er aus Liebe geschieht. Die Anziehung, die ein Anderer auf uns ausüben kann, auf Geist und Körper gleichzeitig, die beruht doch manchmal gerade auf einer Einsicht in seine unersetzbare Individualität. Ich meine Einsicht ganz wörtlich: Man *sieht* ihn mit dem geistigen Auge, man sieht die Schönheit seiner Seele, um es mit Sokrates zu sagen, und man will ihm so nahe wie möglich sein, sich in ihn versenken. Nicht unbedingt eins werden, wie in Aristophanes' Mythos von vorhin, denn man will ja nicht der Andere werden, sondern *bei* ihm sein – sonst geht die Spannung verloren, das Spiel der gegenseitigen Auslieferung. Unter *Umständen* kann Sex aber sicherlich moralisch falsch sein. Und ich denke auch: nicht nur, wenn er nicht einvernehmlich ist, sondern schon allein dann, wenn einer der beiden nicht will und der Andere das weiß. Zustimmung zu geben bedeutet ja nur, dem Anderen etwas zu erlauben, über das man selbst verfügt, und es impliziert nicht unbedingt, dass man es auch will. Wenn ich Augustinus erlaube, meinen Stift auszuleihen, heißt das noch lange nicht, dass ich auch *möchte*, dass er ihn ausleiht. Vielleicht hoffe ich insgeheim, dass er keinen Gebrauch von meiner Erlaubnis macht.«

Augustinus schob ihr erschrocken den Kugelschreiber zu, den er bis dahin für seine Notizen verwendet hatte. Iris schob ihn zurück und lachte: »Nur ein Beispiel, Augustinus! Du darfst den Stift so lange haben, wie du willst! Ich bitte sogar darum! Mein Punkt ist doch nur: Beim Sex ist es wichtig, dass es beide wollen, mehr noch, dass es beiden *wichtig* ist, dass es beide wollen. Oder? Sonst ist der Sex problematisch – und auch sinnlos. Wie will man Spannung verspüren und einander wirklich berühren, wenn einer der Partner nicht wirklich mitspielen will und gar keine Lust hat?«

Augustinus schien erleichtert, klopfte dann aber mit dem Kuli auf den Tisch und mahnte: »So ist es mit Sex immer – er lenkt ab! Wir waren doch bei den

Robotern! Was haltet ihr von Sigmunds Sorge?« Sokrates hatte begonnen, ihm beim Abräumen zu helfen und die beiden stellten die Gläser aufs Tablett.

Iris sprach weiter: »Genau, sorry, Sigmunds Sorge – eigentlich wollte ich nur sagen, dass ich die Sorge teile! Denn irgendwie scheint es problematisch zu sein, sich beim Sex vorzustellen, der Roboter sei ein Mensch und man würde ihn beispielsweise vergewaltigen, also gegen seinen Willen Sex mit ihm haben. Nur ist es gar nicht so leicht, diesen Eindruck zu erklären: Bei der reinen Vorstellung tut man ja keinem real existierenden Menschen etwas zuleide. Natürlich immer noch angenommen, der Roboter ist eine Sache und kein Subjekt mit Bewusstsein. Worin besteht unser Unbehagen?«

»Vielleicht kommt ja doch jemand dabei zu Schaden«, sagte Simone. »Kein bestimmter Mensch, sondern wir alle. Denn wenn jemand Lust bei der Vorstellung empfindet, einen Menschen als reines Mittel zu gebrauchen, findet er ja irgendetwas anziehend und attraktiv daran. Und allein diese Haltung verletzt irgendwie jede und jeden von uns. Unsere Würde bäumt sich dagegen auf. Was jemand anziehend findet, ist nicht ethisch neutral, denn auch wenn sich diese Haltung nie in einer konkreten Handlung ausdrückt, übt sie doch eine Wirkung auf das Subjekt aus – zieht ihn hin zu bestimmten Situationen, lässt ihn bestimmte Dinge fühlen und denken und so weiter. Eine geistige Haltung ist nie ohne Konsequenzen, sondern immer potent.« Sie nahm einen Schluck aus ihrem fast leeren Glas. »Ich sage übrigens ganz bewusst ›er‹, denn wenigstens bisher werden die meisten Sexroboter für Männer produziert und bilden Frauenkörper nach. Mit den Maßen der Pornoindustrie.«

»Eine mögliche *gute* Konsequenz dieser Sexroboter könnte aber sein, dass dann weniger real existierende Frauen Gewalterfahrungen machen müssen ... Die Sexroboter befriedigen ja möglicherweise diese gewalttätigen Fantasien zur Genüge. Und auch wenn du recht hast und vorgestellte Gewalt von Übel ist, so ist dieses Übel wohl immer noch kleiner als das Übel der realen Gewalt. Was wiederum für die Produktion von Sexrobotern sprechen würde«, überlegte Sigmund weiter.

»Das müsste man empirisch überprüfen. Ob das wirklich die Konsequenz wäre, meine ich. Oder ob die Sexroboter nicht umgekehrt die emotionale Schwelle für reale Gewalttaten herabsetzen würden. Gibt es dazu schon Studien?« Simone sah sich um, aber niemand wusste etwas. Augustinus setzte sich wieder und bot an, in den Zeitungen nachzusehen.

»Eines ist aber klar – *Liebe* und Gewalt passen nicht zueinander«, sagte Iris. »Das bedeutet nicht, dass Liebende nie gewalttätig gegenüber ihren Geliebten sein können, sondern dass sie es nicht *aus* Liebe sein können. So etwas wie einen Mord aus Liebe gibt es nicht. Gewalt geschieht trotz und entgegen der Liebe. Weil Liebende eben auch andere

Motive neben der Liebe haben, die manchmal im Widerspruch zu ihrer Liebe stehen.«

»Weil Liebe selbst immer das Gute für den Geliebten will?«, fragte Sokrates. Er war auf einmal hellhörig geworden.

»Du hörst ja doch zu«, lächelte Iris.

»Aber natürlich höre ich zu. Ich will alles ganz genau überdenken.«

»Wir brauchen wieder etwas mehr Ordnung!« Immanuel klatschte in die Hände. »Es wimmelt ja gerade nur so von Themen und Fragen im Raum. Gehen wir der Reihe nach vor. Als Nächstes sprechen wir über Liebe und Glück, wie Simone eben vorgeschlagen hat. Und danach über Liebe und Moral. Seid ihr einverstanden?« Er erhob sich, übernahm den Tellerstapel von Augustinus, stemmte mit der anderen Hand das Tablett mit den Gläsern und bewegte sich zur Tür. Er hielt die Balance erstaunlich gut, da hastete Søren mit einem stehen gebliebenen Weinglas hinterher und erwischte ihn versehentlich am Ellenbogen. Das Tablett kippte, die Gläser zerschellten am Boden. »Ach je, ach herrje, das tut mir leid, ach ...« Søren kniete sich hilflos vor die Scherben und schien am liebsten verschwinden zu wollen. Immanuel kniete sich neben ihn, legte ihm den Arm um die Schulter und ließ dabei genüsslich auch den Tellerstapel fallen. »Ich danke dir, Søren. Dieses Geschirr muss dringend erneuert werden, und ein Scherbenhaufen bringt ja bekanntlich Glück.«

Kapitel 6

Schränkt Liebe unsere Autonomie ein?

Simone de Beauvoir analysiert die Liebe im Patriarchat. Es entbrennt eine Diskussion über Liebe und Glück.

Nachdem die Besen wieder in die Ecke gestellt und die Scherben beseitigt worden waren, läutete Sokrates die nächste Sitzung ein: »Jetzt ist die Zeit gekommen, um über Glück und Unglück zu sprechen. In den trägen Mittagsstunden, in denen die Müdigkeit ihr Netz auswirft.«

Simone schaute ihn etwas ratlos an. Sie wusste nicht recht, ob sie warten oder anfangen sollte. Immanuel hatte für einen Moment die Augen geschlossen und döste im Sonnenlicht, das jetzt durch die Fenster schien. Dann rappelte er sich auf und sagte: »Ein paar Schluck Wasser und wir sind wieder in Fahrt, meine Freunde! In zwei Stunden mache ich einen kurzen Gang um den Block – natürlich gern in Begleitung, falls jemand mitkommen möchte. Aber bis dahin: Simone, erklär uns doch bitte deine Zweifel.«

Simone stand in den Startlöchern: »Es ist ganz

einfach«, begann sie. »Warum gehen wir eigentlich davon aus, dass Liebe etwas Gutes ist? Liebe macht doch oft ziemlich unglücklich: Wenn der Geliebte die Liebe nicht erwidert oder wenn ihm etwas zustößt, wenn er gar stirbt, dann leidet die Liebende furchtbare Schmerzen und kann sich auf gar nichts anderes mehr konzentrieren. Das war ja schon Thema, als es heute Morgen um Unersetzbarkeit ging. Liebe macht verletzlich.«

»Aber das Glück, das man erfährt, solange man den Geliebten um sich hat und mit ihm das Leben teilen darf, ist diese potenziellen Schmerzen doch wert. Man geht ein Risiko ein, wenn man sich auf Liebe einlässt, aber ganz ohne Risiko gibt es nichts Gutes, oder?«, meinte Iris und goss sich Kaffee nach.

»Doch!«, mischte sich Augustinus ein. »Wer Gott liebt, geht kein Risiko ein. Gott kann man nicht verlieren. Deshalb kann man sich an ihm ganz ohne Angst und Schmerz erfreuen. Darum glaube ich ja, dass wir nur Gott lieben und die weltlichen Güter links liegen lassen sollten. Na ja, und auch aus den Gründen, die ich heute Morgen schon vorgetragen habe.«

Iris sah nachdenklich aus, aber Simone übernahm wieder, noch bevor sie etwas erwidern konnte: »Hey, ich war noch nicht fertig! Ich spreche jetzt nur von Liebe zu anderen Menschen, Augustinus, denn die Möglichkeit der Gottesliebe hilft Atheistinnen wie mir nicht wirklich weiter. Die Liebe zu Menschen macht, wie gesagt, verletzlich und ist deshalb riskant. Egal ob erotische Liebe oder Elternliebe oder enge Freundschaft. Insbesondere die erotische Liebe birgt allerdings noch weitere Gefahren, über die wir nachdenken müssen. Denn selbst wenn alles einigermaßen glimpflich verläuft, man als Liebespaar zusammenlebt und einem der Geliebte nicht abhandenkommt, kann sie dazu führen, dass man sich selbst verliert. In der Liebe gibt es zwei widerstreitende Tendenzen: eine, die die Autonomie der Liebenden bestärkt und fördert, und eine, die genau das Gegenteil zu Folge hat und ihre Autonomie untergräbt. Liebende wollen einerseits miteinander kommunizieren, einander herausfordern und sich gerade an ihrer Zweisamkeit erfreuen, und dafür müssen beide autonom sein. Und andererseits haben sie den Hang, sich mit dem Geliebten zu identifizieren, zu denken und zu tun, was er denkt und tut. Und zwar nicht, weil man es selbst überdacht hat und auch für richtig hält, sondern nur, weil es von *ihm* kommt.«

»Ist das nicht ...«

»Immer noch nicht fertig, Immanuel!«, rief Simone und streckte ihm defensiv die Handflächen entgegen. »Unter bestimmten Umständen wird diese zweite Tendenz besonders wirkmächtig und gewinnt die Oberhand, zum Beispiel in Gesellschaften, die von Unterdrückung gekennzeichnet sind. Patriarchale Gesellschaften fallen darunter. Dort werden Männer als die eigentlichen Subjekte gehandelt, die sich entfalten und autonom werden sollen, während Frauen nur an der Seite eines Mannes soziale Anerkennung bekommen. Es wird von Frauen nicht erwartet, ein eigenständiges Leben zu führen, sondern einen attraktiven Mann zu ergattern, an dessen Leben sie dann teilhaben und den sie in seinem Werdegang unterstützen können. Unter anderem indem sie die Kinder großziehen und den Haushalt führen. Ihre Begabungen können Frauen hier nicht wirklich entwickeln und ausleben, höchstens als amüsantes Hobby, und dementsprechend frustriert und gelangweilt sind sie oft. Besonders wenn die Kinder dann aus dem Haus sind. Als Gegengift gegen diese Frustration und – ja, mehr noch – dieses Leid stürzen sie sich in die Liebe. Sie geben sich ihrem Mann ganz hin und er muss als Gegenleistung *für sie* leben, groß herauskommen, Karriere machen. Je stärker er ist, desto besser fühlt sie sich mit ihren gestutzten Flügeln. Die Liebe zu ihm verstärkt also ihre gesellschaftliche Ohnmacht, ja, macht sie zur Komplizin ihrer eigenen Unterdrückung. In einer solchen Situation kann es für Frauen wirklich besser sein, der Liebe zu entsagen oder wenigstens keine konventionellen Beziehungen mit Männern zu führen. Denn erstens ist Autonomie ein ebenso hohes Gut wie Liebe, wenn nicht ein noch höheres, und die geht einem in solchen Szenarien verloren. Und zweitens wird die Liebe durch den Verlust von Autonomie ja ohnehin torpediert: So eine Abhängigkeit vom Geliebten kann nicht lange gut gehen. Falls sich herausstellt, dass der Mann gar nicht so stark ist wie erhofft, oder wenn er scheitert, dann erfüllt er nicht mehr seine Funktion für die frustrierte Frau. Und wenn die Frau keine eigenen Gedanken mehr hegt und sich völlig für den Mann aufreibt, dann wird auch sie mit der Zeit weniger interessant, weniger attraktiv für ihn. Und aus ist es mit der Liebe, die doch die Rettung sein sollte.«

Simone hatte ihre Überlegungen mitreißend und bestimmt vorgetragen. Die anderen waren nacheinander aus ihrer Versenkung aufgetaucht, als ob Simones Körperspannung sie aufgerichtet hätte. Man war jetzt bei der Sache.

»Also, du willst sagen: Liebende haben immer schon den Hang, sich selbst aufzugeben und ihre Autonomie für den Geliebten an den Nagel zu hängen. In patriarchalen Gesellschaften wird dieser Hang noch verstärkt, sodass er sich Bahn brechen kann. Jedenfalls in Frauen, wenn sie Beziehungen mit Männern führen. Und was besonders schlimm ist: Damit verlieren die Liebenden nicht nur ihre Autonomie, sondern letztlich auch die Liebe. Denn Liebe ohne Autonomie hat kein langes Leben«, fasste Immanuel zusammen und Simone nickte.

»Was wolltest du denn eben sagen, als ich dich unterbrochen habe?«, fragte sie ihn dann gnädig.

»Oh, nichts Besonderes. Und ich habe ja *dich* unterbrochen. Bitte entschuldige!«

»Wie furchtbar anständig ihr auf einmal seid!«, schmunzelte Sigmund und alle lachten. »Aber was wolltest du denn nun sagen, Immanuel?«

»Einfach nur, dass diese problematische Tendenz, sich mit dem Geliebten zu identifizieren und eins mit ihm werden zu wollen, mit der Angst zu tun haben könnte, ihn zu verlieren. Deshalb schmiegen wir uns immer näher an, schlüpfen in seine Gedanken und seine Handlungen, als wären sie die unsrigen. So haben wir das Gefühl, ihn immer mit uns zu tragen und überall zu sein, wo auch er ist. Weil wir eben *wie* er geworden sind. Die Verletzlichkeit, von der eben die Rede war, wäre dann die Wurzel allen Übels und nicht einfach ein separates Thema.«

»Das mag sein«, erwiderte Simone. »Dann ist eben die Angst vor dem Verlust des Geliebten verantwortlich für den Hang zur Selbstzerstörung. In diesem Fall wäre er nicht nur in der erotischen, sondern in jeder Art der zwischenmenschlichen Liebe anzutreffen, denn die machen ja alle auf die gleiche Weise verletzlich. Und ja, warum nicht, vielleicht ist das so, vielleicht hat jede Liebe diese Tendenz, sich selbst zu unterminieren. Aber der wichtige Punkt ist: Die Ungerechtigkeit des Patriarchats ist verantwortlich dafür, dass dieser Hang die Oberhand gewinnt, wenigstens in Frauen.«

»Deiner Analyse zufolge bringt das aber auch die Männer um die Liebe, wenn sie Liebesbeziehungen mit Frauen führen«, warf Iris ein.

»Ja, natürlich, das Patriarchat ist auch für Männer schlecht. Nicht nur aus diesem Grund, aber *auch* deshalb«, schoss Simone nach.

»Das Patriarchat ist ja noch nicht überwunden.

Sollten Frauen und Männer also besser auf Abstand gehen? Das wird schwierig werden ... Jedenfalls für heterosexuelle Menschen. Die Libido ist ein starker Trieb und sie zu unterdrücken geht oft schief«, warnte Sigmund.

»Ach, heterosexuell, homosexuell. Ich bin mir nicht sicher, ob das wirklich so streng festgelegt ist. Ich kann mich auch in Frauen verlieben. Ich glaube, das ist nur eine Frage der Übung. Wir müssen lernen, sozial kontingente Schablonen des Begehrens abzulegen und zuzulassen, dass Personen aller Art erotische Wirkung auf uns haben können, nicht nur sogenannte Männer oder sogenannte Frauen oder sogenannte Dies-oder-Das. Wenn es für Frauen besser ist, keine Beziehungen mit Männern zu führen, solange das Patriarchat noch nicht überwunden ist, dann lieben sie eben andere Frauen!« Iris schüttelte befreit den Kopf.

»Oder sie finden eine Weise, mit Männern zusammenzuleben, die das Risiko der Selbstaufgabe möglichst minimiert. Ein klassischer bürgerlicher Haushalt ist zum Beispiel wenig förderlich. Zumindest sollten Frauen finanziell unabhängig sein und ihren eigenen Kopf bewahren, sich selbst ernst nehmen. Das bedeutet, sich zu bilden, Bücher zu lesen, auch Schwieriges zu durchdenken. Und zu arbeiten«, fügte Simone hinzu.

»Ich ... Ich ... Ist Autonomie eigentlich wirklich so wichtig?«, platzte auf einmal Søren dazwischen. »Autonomie in dem Sinne, wie ihr darüber sprecht, hört sich in meinen Ohren wie eine komödiantische Illusion an, ein Witz, und das Leben, das ihr euch als autonom vorstellt, macht doch nicht glücklich. Meint ihr denn wirklich, dass alles in Ordnung wäre, wenn man arbeiten geht, anstatt bei den Kindern zu bleiben?«

»Das musst du genauer erklären!«, rief Sokrates, der ausnahmsweise auf einem Stuhl saß und jetzt interessiert die Ellenbogen auf den Tisch stützte, um sein Kinn in die Hände zu legen.

»Ihr redet von Autonomie, als wäre es das Leichteste in der Welt«, führte Søren aus. »Sich selbst zu kontrollieren, die eigenen Gedanken und Handlungen im Griff zu haben. Aber das ist so absurd, wie sich selbst zu erschaffen. Das können Menschen nicht. Wir sind nicht in dem Sinne frei, dass wir vollkommene Kontrolle über uns hätten. Denkt nur an unsere tiefsten Überzeugungen und – ja, an die Liebe in unserem Herzen zu diesem oder jenem Menschen. Solche Zustände sind es, die uns ausmachen und zu allerinnerst angehören. Und doch werden wir gerade in diese Zustände *gezogen* und hineinmanövriert: Wir wählen weder die Überzeugungen noch wen wir lieben. Beim Rechnen entscheiden wir uns ja nicht, dass 2 und 2 am Ende 4 ist, sondern wir können nicht anders, als das zu glauben, wenn wir die Rechenschritte durchlaufen. Wir lassen uns von der Wahrheit ziehen. So ist es auch mit anderen Überzeugungen und mit der Liebe. Wir können uns nicht entscheiden, eine bestimmte Person zu lieben oder nicht zu lieben, sondern wenn Gott gnädig ist, öffnet er unser Herz für sie. Wir wählen und entscheiden uns erst im nächsten Schritt, wenn es darum geht, diese Überzeugungen und diese Liebe zu leben, zu ihnen zu stehen, sie als Geschenk anzunehmen oder eben nicht. Vollständige Selbstkontrolle anzustreben und ein Leben danach auszurichten – oh nein, das wäre ein schreckliches Missverständnis. Eine Komödie, die zum Weinen bringt. Welche Vergeudung!«

»Søren, du verzerrst meine Position«, entgegnete Simone scharf und Søren zuckte zusammen. »Ich habe nicht behauptet, dass es bei Autonomie um vollständige Selbstkontrolle geht. Im Grunde genommen haben wir das Wesen der Autonomie noch gar nicht genauer in den Blick genommen, sondern sind von einem vortheoretischen Verständnis ausgegangen, wonach autonom zu sein bedeutet, den eigenen Kopf zu bewahren und nicht ganz von einem anderen Menschen abhängig zu werden, vor allem eben geistig. Das ist ja kompatibel mit dem, was du sagst, oder etwa nicht? Wenn du recht hast und Autonomie in der bewussten Entscheidung für die inneren Zustände besteht, mit denen wir uns vorfinden, dann verlieren liebende Frauen im Patriarchat in genau diesem Sinne ihre Autonomie. Sie entscheiden sich nicht mehr für ein Leben im Lichte ihrer eigenen Überzeugungen, weil sie sich zu sehr an den Überzeugungen ihres Mannes ausrichten und die eigenen ignorieren und verkümmern lassen. Selbst ihre eigene Liebe nehmen sie nicht ernst und riskieren unbewusst ihr Ende. Bildung und Arbeit können dem entgegenwirken, aber es gibt sicher noch andere Möglichkeiten. Und sicherlich sind das noch keine direkten Wege zum Glück! Es sind Hilfsmittel, Versuche, sich aus der Unterdrückung und der aus ihr resultierenden Selbstentfremdung zu befreien. Am besten wäre es natürlich, wenn wir in einer gerechten Gesellschaft leben würden, wo alle gleichermaßen als Subjekte anerkannt werden, und Liebesbeziehungen für Frauen nicht so gefährlich wären. Da ist Glück vielleicht möglich und da kann man vielleicht ohne Vorsicht lieben und gleichzeitig seinen eigenen Kopf bewahren. Immerhin gibt es ja in der Liebe auch den Hang, die eigene und die Autonomie des Geliebten zu bestärken, und in einer gerechten Welt hat dieser Hang eine gute Chance, sich zu entfalten.«

»Stimmt…«, Sokrates wiegte wieder den Kopf hin und her. »Søren hat trotzdem einen interessanten Punkt aufgeworfen. Wir sollten über das Wesen der Autonomie genauer nachdenken, um ihren Wert und ihr Verhältnis zur Liebe besser einschätzen zu können.«

»Weil man ja nicht bestimmen kann, wie wertvoll etwas ist, wenn man keine Ahnung hat, *was* es eigentlich ist, nicht wahr, mein Lieber?«, grinste Iris in Sokrates' Richtung.

»Völlig richtig, das Wissen um das Was hat immer noch Vorrang!«, sagte Sokrates und rieb sich fröhlich die Hände. »Also, was ist Autonomie? Ich muss gestehen, dass ich zuweilen erwogen habe, ob Seelen nicht selbstbewegte Beweger sind. Damit meine ich, dass sie sich aus sich selbst heraus bewegen können und nicht von außen bewegt werden müssen wie materielle Körper.

In Platons *Phaidros* bezieht sich Sokrates auf Seelen als »selbstbewegte Beweger« und argumentiert auf dieser Basis für ihre Unsterblichkeit. Die Idee ist, dass Seelen im Gegensatz zu Körpern ohne Anstoß von außen auskommen, um sich zu bewegen. Sie können sich nämlich selbst bewegen, sozusagen von innen heraus. Das macht sie natürlich unabhängig von der äußeren Welt.

Fasst man den Begriff der ›Bewegung‹ recht weit, dann sind Seelen entsprechend unabhängig und fähig zu einem hohen Maß an Selbstkontrolle. Und sie sind dadurch auch angewiesen auf eine Vorstellung vom Guten, denn solchen Selbstbewegern – und wahrscheinlich *nur* solchen Selbstbewegern – stellt sich die Frage, wie sie leben sollen. Aber vielleicht hat Søren recht und dieses Verständnis von Seelen ist problematisch. Wenn Platon jetzt hier wäre, könnten wir das diskutieren! Aber nun ist er nicht hier, typisch, und eigentlich will ich auf etwas anderes hinaus: Sørens Beitrag erinnert mich daran, dass man Autonomie möglicherweise ohnehin unabhängig von Selbstkontrolle denken kann.

Platon taucht in seinen Dialogen fast nie selbst als Figur auf, obwohl er natürlich im echten Leben ständig in Gespräche mit Sokrates verwickelt war – schließlich war er Sokrates' Schüler und liebte ihn über alles. Im *Phaidon*, dem Dialog, in dem Sokrates den Schierlingsbecher trinkt, wird explizit auf seine Abwesenheit hingewiesen: Angeblich war Platon zu krank, um dem letzten Gespräch beizuwohnen.

Du bringst Überzeugungen ins Spiel, Søren, und du hast recht: In einem gewissen Sinne haben wir unsere Überzeugungen nicht unter Kontrolle. Wir können nicht anders, als das zu glauben, was sich uns als wahr darstellt. Und doch können das Bilden von Überzeugungen und allgemein das Nachdenken autonom sein. Allerdings nicht unter allen Umständen, und jetzt wird es spannend. Nehmt mal die folgenden drei Beispiele. In einem Fall überlegt jemand, was 2 und 2 ist, und kommt zu dem Ergebnis: es ist 4. In einem zweiten Fall überlegt jemand, was 2 und 2 ist, und ihre Lehrerin flüstert ihr ins Ohr: 4. Sie versteht nicht, warum, aber sie glaubt der Lehrerin. In einem dritten Fall überlegt jemand, was 2 und 2 ist, und kommt zu dem Ergebnis: 3.

Ich weiß nicht, wie es euch geht, aber aus meiner

Sicht denkt nur die erste Person autonom nach. In den anderen Fällen wird ihr Denkprozess durchkreuzt von etwas, das von ›außen‹ kommt und nicht auf ihre eigene Aktivität zurückzuführen ist. Das gilt auch für das dritte Beispiel, denn Fehler sind Ergebnis von Ablenkung, Müdigkeit und so weiter – Stolpersteine, die wie das Einflüstern der Lehrerin zwischen der Nachdenkenden und ihren Gedanken stehen. Was ist nun das Besondere an Fall eins? Warum ist das ein Fall von autonomem Nachdenken? Nicht einfach, weil die Person am Schluss eine wahre Überzeugung hat, denn das hat sie ja auch im zweiten Fall. Sondern eher, weil sie *versteht*, warum 4 die richtige Antwort ist. Fragen wir sie, kann sie uns erklären, warum die Summe von 2 und 2 nun einmal 4 ergibt. Mein Vorschlag ist also, dass Nachdenken dann autonom ist, wenn es ungehindert ist, und das ist es, wenn es in Verstehen resultiert – in Verstehen des Sachverhalts, über den man eben nachdenkt. Und deshalb stimme ich auch Simone zu, wenn sie sagt, dass Autonomie glücklich macht oder wenigstens ein wesentlicher Teil vom Glück ist. Denn ich habe ja schon anfangs erwähnt, dass das Glück meines Erachtens in Weisheit besteht, im *Verstehen* der Ideen.«

»Und wie verhält sich Autonomie dann zu Liebe?«, fragte Immanuel.

»Ich denke, wir sollten zunächst einmal zwei Fragen auseinanderhalten. Nämlich zum einen, ob wir autonom lieben können oder nicht, angesichts der

Tatsache, dass man Liebe nicht kontrollieren und aktiv wählen kann. Und zum anderen, ob Liebe, wenn sie einmal da ist, gut oder schlecht für die Autonomie der Liebenden insgesamt ist.«

»Das scheint mir vernünftig zu sein«, stimmte Immanuel zu.

»Wenn man autonom nachdenken kann, ohne den eigenen Denkprozess und das Bilden von Überzeugungen selbst zu kontrollieren, dann sollte auch im Fall von Liebe nichts dagegensprechen«, fuhr Sokrates fort. »Möglicherweise lieben wir dann autonom, wenn wir verstehen, warum der Geliebte so liebenswert ist. Weil die Ideen aus seinen Augen blitzen. Erinnert ihr euch? Was die zweite Frage betrifft: Nun, meine Antwort sollte euch nicht mehr verwundern. Da ich ja glaube, dass Liebende einander helfen, sich an die Ideen zu erinnern und auf diese Weise zu verstehen, warum die Welt so ist, wie sie ist, muss Liebe *gut* für die Autonomie der Liebenden sein. Aus meiner Sicht macht Liebe auch nicht wirklich verletzlich: *Ohne* Liebe ist man viel verletzlicher, weil man ja im Dunkeln tappt, nichts wirklich versteht, auch nicht sich selbst. Man ist dann all den Wirkmächten ausgesetzt, die einen Lebenszeit kosten und um das Glück bringen – Begehren aller Art, nach Geld und Macht und so weiter. Und Einflüsterungen falscher Götter. Trotzdem stimme ich Simone in einigen Punkten zu. Es gibt soziale Umstände, in denen die Wiedererinnerung der Liebenden gehindert wird – in ungerechten Gesellschaften ist das wohl so. Um Autonomie und Liebe eine Chance zu geben, müssen wir für Gerechtigkeit kämpfen.«

»Über Gerechtigkeit sprechen wir später noch ausführlicher!« Immanuel pochte auf die Tagesordnung.

»Warte mal. Warum habt ihr eigentlich nichts gegen das Patriarchat getan?«, fragte Iris nichtsdestotrotz. Sie schaute von Sokrates zu Immanuel und Augustinus, dann zu Søren, Sigmund und Max. Sie schwiegen betreten.

»Unsere Augen waren blind«, antwortete Immanuel schließlich. »So geschieht Unrecht. Wir haben die Ungerechtigkeit für normal gehalten, der Natur der Dinge entsprechend. Nicht nur das Patriarchat. Wir waren sexistisch, rassistisch, homophob, transphob, wir haben Klassenunterschiede zugelassen und untermauert ... Die Philosophie hat uns nicht davor bewahrt. Manche Vorurteile sitzen so tief, dass es der Arbeit von Generationen bedarf, um sie aufzudröseln.«

Sokrates ließ den Kopf hängen und Augustinus murmelte: »Ich glaube, wir brauchen eine Pause. Jetzt können wir ja nicht einfach weitermachen.«

»Nein, meine Herren, wir müssen trotzdem weitermachen. Die Philosophie hilft letztlich doch! Dass du jedem einzelnen Menschen Würde zugesprochen hast, Immanuel, das ist zum Beispiel Rüstzeug für alle, die jetzt für Gerechtigkeit kämpfen«, widersprach Iris.

Simone stimmte ihr zu, schnappte sich die Wasserkaraffe und ging um den Tisch, um allen einzuschenken: »Wir müssen einfach auf der Hut sein, dass wir unsere eigenen Vorurteile nicht übersehen. Gar nicht so leicht, denn die sind ja oft unbewusst. Sich selbst auf die Schliche zu kommen schaffen die wenigsten. Sogar wenn diese Vorurteile ganz klar inkonsistent mit den eigenen Theorien sind! Man muss einander also helfen.« Die beiden Frauen beharrten darauf, dass die Diskussion fortgesetzt werde, und so rissen sich alle zusammen.

Es gibt eine Reihe von psychologischen Experimenten, die belegen, dass neben ganz expliziten Vorurteilen sogenannte »implicit biases« – also unbewusste Vorurteile – gegen bestimmte, gesellschaftlich marginalisierte Gruppen weitverbreitet sind. Auch wenn man beispielsweise explizit der Überzeugung ist, dass Frauen genauso zu Wissenschaft befähigt sind wie Männer, kann man doch unbewusst anderer Meinung sein. Das Gefährliche an unbewussten Vorurteilen ist, dass sie das eigene Handeln mitbestimmen, ohne dass man es selbst bemerkt. Deshalb ist es wichtig, das Phänomen des »implicit bias« weiter zu erforschen, auch damit Lösungsstrategien entworfen werden können.

»Immanuel, Meister der Autonomie, was hältst du von Sokrates' Überlegungen?«, nahm Iris den Faden wieder auf.

Der kräuselte kurz die Stirn, während er sich konzentrierte und wieder aufs Thema besann: »Also … was das Wesen der Autonomie betrifft, stimme ich im Großen und Ganzen mit Sokrates überein. Eine autonome Person ist ihre eigene Gesetzgeberin, entscheidet selbst, was sie tut, und befolgt nicht einfach blind die Anweisungen eines Herrschers oder so. Das heißt aber nicht, dass sie so handelt, wie sich gerade lustig fühlt oder willkürlich so oder anders entscheidet. Das wäre nämlich ein Sich-treiben-Lassen und daher ähnlich heteronom wie die Unterwerfung unter einen Herrscher. Sich selbst Gesetze geben heißt, sich durch nichts anderes leiten zu lassen als durch die eigene Einsicht in das, was man tun soll. Alle anderen Beweggründe sind uns letztlich fremd, kommen von außerhalb unserer selbst, sogar unsere Neigungen, die uns mal hier-, mal dorthin treiben. Das sind nicht *wir*, nicht unser bewusstes, denkendes Ich. Autonomie besteht dann nicht in einem nachträglichen Identifizieren mit oder Entscheiden für die eigenen inneren Zustände, wie Søren vorgeschlagen hat. Wenn ich ihn richtig verstanden habe?«

Søren sah ihn mit großen Augen an und blieb stumm, sodass Immanuel wieder nichts anderes übrig blieb, als weiterzusprechen: »Diese Entscheidung müsste Resultat des nachdenkenden Ich sein und daher auf Einsicht beruhen – Sokrates hat recht, was Fehler betrifft. Aber die Einsicht, dass man sich für einen bestimmten inneren Zustand entscheiden sollte, ist natürlich nichts anderes als die Einsicht, dass dieser Zustand richtig ist. Mit anderen Worten: Das ist dann einfach die Einsicht in die Wahrheit der Überzeugung oder der Handlungsmaxime selbst.«

»Von Liebe hast du aber noch nichts gesagt, Immanuel«, erinnerte ihn Sokrates.

»Weil ich das schwierig finde.«

»Aber gleichzeitig willst du nichts lieber!«, rief Sigmund und erwischte Immanuel an einem wunden Punkt.

Er lächelte sein verlegenes Lächeln und sagte: »Ja, du hast wohl recht, Sigmund. *Früher* habe ich die exklusive, zwischenmenschliche Liebe zu den Neigungen gezählt, die von außen kommen und daher kein Beweggrund für autonomes Handeln sein können. Demnach kann man weder autonom lieben, noch fördert Liebe die Autonomie. Solange man sich nicht nach ihr richtet, schadet sie ihr zwar auch nicht. Aber sobald man sich ihr hingibt und aus Liebe handelt, ist man nicht mehr autonom.«

»Und jetzt denkst du anders?« Sokrates hob hoffnungsvoll die Augenbrauen.

»Jedenfalls lässt mich der Gedanke nicht los, dass du recht haben könntest und Liebe eigentlich keine Neigung ist, sondern selbst mit der Einsicht in das Gute zu tun hat. Aber ich kann diesen Gedanken noch nicht klar fassen ...«

»Leute!«, meldete sich Max auf einmal. »Mir reicht es jetzt, ich will nicht mehr über Autonomie reden. Wir wollten doch über Glück sprechen!«

»Ja, aber angenommen, zum Glück gehöre sowohl Liebe als auch Autonomie und man könne nicht immer beides gleichzeitig haben, weil sie sich unter Umständen ausschließen – dann ist es doch wichtig zu eruieren, warum das so ist und was diese Umstände sind. In dieser Diskussion geht es deshalb immer noch um Glück«, erklärte Simone.

»Schön und gut, aber *warum* ist Liebe eigentlich so wesentlich für das menschliche Glück?«, insistierte Max. »Anfangs klang diese Frage an, aber so richtig sind wir darauf noch nicht eingegangen. Wir haben darüber gesprochen, dass Liebe zwar verletzlich macht, dass sie aber unter Umständen hilft, autonom zu werden. Sokrates meint gar, dass man mit ihrer Hilfe die Welt verstehen lernt. Kann man noch mehr dazu sagen, was so gut an der Liebe ist?«

»Hast du eine Idee, Max? Was brennt dir auf der Seele?«, fragte Augustinus.

»Was wäre denn, wenn es gerade die Verletzlichkeit ist, die mit Liebe einhergeht, die gut für Liebende ist? Augustinus, du hast eben gesagt, dass wir Gott lieben sollten, weil wir in dieser Liebe nie enttäuscht und verletzt werden können. Aber ich frage mich, ob Gott uns nicht gerade zumutet, dass wir verletzlich werden. Wenn Gott möchte, dass wir andere Menschen lieben, und wenn das nicht ohne Verletzlichkeit geht, dann könnte man jedenfalls auf diesen Gedanken kommen. Verletzlich zu sein ist ein Zustand, der unserem Leben auf Erden entspricht, ein authentischer Zustand, wenn man es in Simones Worten sagen will.«

Simone schien erstaunt, dass Max sich auf sie bezog. Der sprach weiter: »Denn hier auf Erden gehört uns nichts wirklich an. Alles entgleitet uns mit der Zeit, die voranschreitet und alles mitnimmt.«

Simone fiel ein: »Die Aufgabe wäre dann zu lernen, den Anderen gehen zu lassen.«

»Ja, aber noch mehr: Es bedeutet auch zu spüren, was das *heißt*, dass er geht. Den Schmerz zu spüren. Das bedeutet zu verstehen, dass er unersetzlich ist, dass es diese Art von Wert gibt. Diese Erkenntnis rettet uns aus der Melancholie, macht alles schön. Liebende fragen sich nicht, was der Sinn ihres Lebens ist. Vielleicht theoretisch, aber nicht existenziell. Die Not dieser Frage verpufft, wenn man verliebt ist oder ein Kind im Arm hat. Die Antwort liegt so klar auf der Hand: diese Schönheit zu sehen.«

»Ohne verletzlich zu sein würde man sie nicht sehen … da ist etwas dran.« Simone war nachdenklich. »Verletzlichkeit hat also zwei Seiten: Sie ist einerseits notwendig für diese Einsicht in die Besonderheit und Unersetzbarkeit des Anderen, und damit auch notwendig für das eigentümliche Glück, das mit dieser Einsicht einhergeht. Und andererseits macht sie Angst und verleitet uns zum Festhalten am Anderen, zum Beispiel, indem man sich in einem problematischen Sinne mit ihm identifiziert, wie wir das eben besprochen haben.«

»Mir scheint jedenfalls, dass die Nähe dieser Schönheit die Schmerzen und Gefahren wert ist. Sokrates hat recht: Ohne Liebe wäre alles viel schlimmer«, endete Max.

Immanuel wurde auf einmal unruhig. Er raschelte mit seinen Papieren und suchte nach seiner Taschenuhr. Streng genommen war es noch nicht Zeit für seinen Spaziergang, aber er erhob sich trotzdem und rief: »Ich gehe an die frische Luft. Bis gleich!« Er nickte höflich zu allen Seiten, wiederholte aber nicht seine Einladung, ihn zu begleiten. Die Gäste sahen sich verdutzt an, fügten sich dann aber in ihr Schicksal, warteten auf seine Rückkehr und vertraten sich die Beine.

Kapitel 7

Gibt es ein Recht auf Liebe?

Søren Kirkegaard singt ein Lied von der Nächstenliebe.
Die Runde fragt sich, ob Liebe ungerecht ist.

Als Immanuel zurückkam, saßen die anderen schon wieder auf ihren Plätzen, die Stifte gezückt. Er hastete zu seinem Stuhl und begann zu husten. Simone legte ihm eine Hand auf den Arm und sah ihn an, als ob sie fragen wollte: »Ist alles in Ordnung?«

»Draußen bläst ein kalter Wind«, erklärte er.

»Ich könnte uns einen Tee machen«, bot Iris an. Immanuel nickte etwas hilflos und rieb sich die Augen. Hatte er geweint?

Iris übernahm nicht nur den Tee, sondern auch die Diskussion. Sie machte sich in der Küche zu schaffen, goss Immanuel ein und stellte die heiße Kanne auf den Tisch. »Meine Damen und Herren, ist Liebe eigentlich fair?«, fragte sie dann theatralisch und machte ein Clownsgesicht. »Ist sie nicht.« Ihre Stimme wurde ernst. »Jedenfalls nicht auf den ersten Blick. Denn wir lieben immer nur wenige und nicht unbedingt diejenigen, die unsere Liebe am nötigsten hätten. Und dann schenken wir unseren Geliebten den Großteil der Ressourcen, die uns zur Verfügung stehen: Zeit, Aufmerksamkeit, emotionale und körperliche Zuwendung, Geld, Zuflucht, und dergleichen mehr. Haben andere nicht ein ebenso großes, unter Umständen ein noch größeres Recht darauf?«

»Ein Recht auf unsere Liebe oder ein Recht auf unsere Ressourcen?«, fragte Simone.

»Beides! Obwohl – ein Recht auf Liebe ist vielleicht schwer zu verteidigen. Was meint ihr? Bleiben wir erst mal bei der Verteilung von Ressourcen und kommen später auf die Liebesrechte zurück. Dürfen wir unseren Geliebten einfach so viel geben, wie wir möchten? Moralisch gesprochen, meine ich.«

»Das hängt wohl davon ab, wie wir Ressourcenverteilung allgemein einschätzen«, gab Max zu bedenken. »Ist ungleiche Verteilung überhaupt in Ordnung oder nicht? Und außerdem hängt es auch an den Gütern, um die es dabei jeweils geht. Wahrscheinlich haben wir eine moralische Pflicht, unser Geld wenigstens ab einer bestimmten Summe an Ärmere abzugeben. Es wäre zum Beispiel nicht in Ordnung, unseren eigenen Kindern ein teures Spielzeug nach dem anderen zu schenken, nur weil wir sie lieben und ihnen eine Freude machen wollen, wenn andere Kinder nicht genug zu essen haben. Wir sollten das Geld dann lieber an Organisationen spenden, die es den ärmeren Kindern zukommen lassen. Aber mit emotionaler und körperlicher Zuwendung ist es anders. Jedenfalls auf den ersten Blick scheint es wirklich unsere eigene Sache zu sein, wen wir umarmen und wann und wie oft.«

»Aber was ist denn mit dem folgenden Beispiel«, meldete sich jetzt Augustinus. »Wir stehen an einem See und sehen zwei Personen im Wasser in Not: Sie rudern mit den Armen und schreien um Hilfe. Uns wird klar, dass wir nur einer Person helfen können, und außer uns ist niemand am Ufer. Wir müssen schnell handeln – zu wem schwimmen wir? In Windeseile versuchen wir, eine gerechte Entscheidung zu treffen. Beide Personen haben ein gleich großes Recht auf unsere Hilfestellung, denken wir, und deshalb sollten wir am besten eine Münze werfen. Oder die Strömung entscheiden lassen. Bei näherem Hinsehen merken wir aber auf einmal, dass eine der beiden unsere Tochter ist. Die Angst schnürt uns den Hals zu und wir denken nicht mehr groß nach: Wir springen ins Wasser, um sie zu retten. Und wenn es statt der Tochter unsere geliebte Freundin oder unser Freund wäre, würden wir ebenso handeln. Oder etwa nicht?«

Die meisten nickten. »Und welche Schlüsse ziehst du daraus?«, drängte Iris.

»Das Beispiel zeigt meines Erachtens, dass Liebende nicht mehr ernsthaft über Gerechtigkeit nachdenken, wenn ihre Geliebten in akuter Not sind. Fragen der gerechten Verteilung haben dann wenig oder keine Relevanz für ihr Handeln. Und das scheint *Teil* ihrer Liebe zu sein: Denn würden wir nicht an der Liebe eines Vaters zweifeln, der kühlen Kopfes weiter über Gerechtigkeit nachdenken und im Zweifel die fremde Person statt seiner Tochter aus dem See retten würde? Wenn ja, dann gibt es ein grundlegendes moralisches Problem mit der Liebe. Als Liebender kann man diesem Problem nicht einfach dadurch entgehen, dass man keine teuren Geschenke macht und das Geld stattdessen spendet. Versteht mich nicht falsch: Das sollte man natürlich trotzdem tun, man hat eine moralische Pflicht dazu. Aber das grundlegende Problem hat man damit eben noch nicht in den Griff bekommen. Dass man nämlich in *Notsituationen* ignorieren würde, was moralisch gefordert ist. Davor kann man als Liebender nicht davonlaufen, weil es zur Liebe dazugehört.«

»Irgendwie scheint es mir gar nicht so verwerflich zu sein, dass Liebende in Notsituationen ihre Geliebten bevorzugen ...«, dachte Sigmund laut nach.

»Ja, möglicherweise kann man sogar moralisch rechtfertigen, dass Liebende in solchen Situationen ihre Geliebten retten. Meist haben sie zu ihren Geliebten nämlich eine besondere Beziehung, die mit dem implizit oder explizit gegebenen Versprechen einhergeht, einander in Not beizustehen. Und wenn man der fremden Person nichts dergleichen versprochen hat, kann das die Waagschale zugunsten des Geliebten beeinflussen. Aber das Problem ist ja gar nicht, dass die Liebenden die falsche moralische

Entscheidung treffen, wenn sie ihre Geliebte retten – wie gesagt, vielleicht wäre das aus moralischer Sicht sogar richtig. Das Problem ist vielmehr, dass sie *überhaupt keine* moralische Entscheidung treffen. Weil es ihnen in diesem Moment egal ist, was die Gerechtigkeit fordert. Und es deshalb reiner *Zufall* ist, wenn ihre Handlung mit der moralisch geforderten Handlung übereinstimmt«, erklärte Augustinus.

»Das Problem ist also nicht unbedingt, was sie tun. Sondern was sie beim Handeln motiviert. Nämlich nur der Gedanke an ihre Geliebten und keinerlei moralische Erwägungen«, stellte Sigmund klar.

»Genau, das ist die Befürchtung«, nickte Augustinus. »Für alle, die eine Handlung erst dann als moralisch gut bewerten, wenn sie auch von den moralisch richtigen Überlegungen motiviert wurde, stellt Liebe also ein moralisches Problem dar.« Er warf Immanuel einen vielsagenden Blick zu und der zuckte betroffen mit den Schultern. Augustinus fuhr fort: »Und selbst Konsequenzialisten, denen die Motivation normalerweise nicht so wichtig ist, sollten sich hüten: Denn es dem Zufall zu überlassen, ob jemand im See-Beispiel moralisch handelt, ist nicht gerade eine sichere Methode, um die besten Konsequenzen herbeizuführen. Und Liebende würden in solchen Szenarien wenn überhaupt dann nur *zufällig* richtig handeln.«

»Aber ist das nicht entschuldbar? Wenn unsere Geliebten in Not sind, ist es ja so, als wären wir selbst in Not. Oder noch schlimmer. Das sind emotionale Ausnahmesituationen, in denen man nicht klar denken kann und fast instinkthaft handelt.« Sigmund ließ nicht locker.

»Gut, nur: moralisch entschuldbar ist nicht das Gleiche wie moralisch erlaubt. Wenn Eltern zum Beispiel aus Liebe das Verbrechen ihrer Kinder vor Gericht leugnen, dann ist das vielleicht entschuldbar und sollte möglicherweise nicht bestraft werden, aber es ist trotzdem falsch.«

»Was ist denn, wenn die Liebende nicht zwischen dem Geliebten und *einer* Person, sondern *mehreren* fremden Personen entscheiden muss? Wenn man also zum Beispiel entweder die eigene Tochter oder eine Gruppe von hundert Menschen retten kann, aber nicht beides ...«, grübelte Simone. »Ich kann mir zwar vorstellen, dass viele Liebende immer noch ihre Tochter retten würden, einfach weil sie nicht anders können. Aber falls sie doch die anderen hundert retten, heißt das nicht unbedingt, dass sie ihre Tochter nicht lieben. Ich will nicht ausschließen, dass Liebende sich in solchen Situationen von ihren moralischen Überlegungen leiten lassen können, trotz der unfassbaren Schmerzen, die der Verlust der Tochter für sie bedeutet. Mit anderen Worten: Vielleicht bist du zu pessimistisch, was Liebende und ihr Verhältnis zur Moral angeht, Augustinus.«

»Und diese Angst vor der Liebe passt doch eigentlich gar nicht zu dir!«, redete jetzt auch Sokrates auf

Augustinus ein und hob die Arme über den Kopf. »Du hast doch gesagt: ›Liebe und tu, was du willst!‹ Bedeutet das nicht, dass Liebe eine moralisch *gute* Einstellung ist? Ja, mehr noch, dass Liebende eigentlich *gar nichts* mehr falsch machen und getrost ihrem eigenen Willen folgen können? Fabelhaft! Ich habe den Verdacht, dass Moraltheorien, die nicht erklären können, warum Liebe wertvoll ist, falsch sein müssen. Insbesondere, wenn aus ihnen sogar das Gegenteil folgt! Und ihr wisst ja, warum ich das denke: Ohne Liebe kann man die Ideen nicht verstehen, und ohne dieses Verständnis wiederum kann man nicht gerecht sein. Obwohl Liebe mit dieser extremen Fokussierung auf eine einzelne Person beginnt, öffnet sie Liebende doch nach und nach für den Rest der Welt und lehrt sie, von sich selbst abzusehen – nicht nur in Bezug auf die jeweils Geliebten, sondern auch in Bezug auf andere Menschen. Was meint ihr?«

»Hm, Liebe geht mit dieser unbedingten Sorge einher: Was auch immer ist, ich stehe dir bei, flüstern Liebende ihren Geliebten ins Ohr und meinen es ernst. Was auch *immer* ist. Diese Unbedingtheit kann einerseits Ungerechtigkeit zur Folge haben, ist aber andererseits gerade das Besondere an der Liebe. Was wir *schön* an ihr finden. Und es fällt uns schwer, Schönheit moralisch zu verurteilen. Was man wirklich schön findet, das hält man letztlich auch für gut. Ästhetische und ethische Urteile sind eng verwandt …«, dachte Iris laut nach.

»Eine Welt ohne Liebe wäre auf jeden Fall schrecklich und alles andere als wünschenswert. Während eine moralisch ganz und gar gute Welt sehr wohl wünschenswert wäre. Woraus wir ablesen können, dass eine moralisch ganz und gar gute Welt Liebe enthalten muss. Liebe ist also nicht notwendig unmoralisch«, schloss Simone.

Immanuel schien sich langsam zu erholen, jedenfalls setzte er sich bei Simones Argument auf und lächelte ihr zu. Bevor er sich einmischen konnte, meldete sich Augustinus wieder zu Wort: »Liebe und tu, was du willst – das gilt nur für *wahre* Liebe. Und damit meine ich die Liebe zu Gott. Wer Gott wirklich liebt, kann sich in der Tat auf seinen eigenen Willen verlassen. Weil Gott zu lieben unter anderem bedeutet, seine Mitmenschen als seine Nächsten anzusehen. Das heißt als Gleiche, und zwar alle. Und wer immer vor Augen hat, dass alle Menschen letztlich gleich sind – gleich wertvoll, aber auch aus dem gleichen krummen Holze geschnitzt und auf die Gnade Gottes angewiesen – der ist notwendigerweise gerecht. Er bevorzugt niemanden, und wenn er am See stehen und zwei Personen ertrinken sehen würde, dann wäre es, als ob beide seine Töchter wären. Diese Art der Liebe ist natürlich Teil einer moralisch absolut guten Welt. Moralisch riskant ist nur die exklusive, zwischenmenschliche Liebe, die die Geliebte vor allen anderen bevorzugt.«

Da erhob sich Søren von seinem Stuhl. Er drehte

sich in Augustinus' Richtung, schaute aber an ihm vorbei auf die Tischplatte: »Nein, *jede* Liebe hat einen Funken Nächstenliebe in sich, auch die exklusive. Wenn man sie lässt, dreht sie sich zur Gerechtigkeit wie eine Blume zur Sonne. Zwar ist sie zunächst oft selbstbezogen in ihrem Begehren. Sie möchte den Geliebten für sich, bevorzugt ihn vor allen anderen, ist ungerecht. Elternliebe, Freundschaft, geschlechtliche Liebe – sie tun sich darin nichts, sind alle erotisch, wie Sokrates schon sagte. Aber trotzdem ist auch diese Liebe eine göttliche Regung, nie nur eine Emotion neben anderen. Sie erkennt im Geliebten den Nächsten und weiß daher um die fundamentale Gleichheit aller Menschen. Sie sieht eben, dass der Andere ein Mensch ist, und versteht, was das bedeutet. Ein *unersetzbares* Wesen, verbandelt mit Gott. Ohne die Liebe kann man das nicht verstehen. Und wenn sie nun sieht, dass der Geliebte ein Mensch ist, liebt sie in ihm eigentlich alle Menschen. *Alle* Menschen sind singuläre Subjekte und unersetzbar: Eben darin gleichen sie sich und das macht sie zu Nachbarn.

Es ist allerdings nicht leicht, der Liebe zu folgen und diese Erkenntnis wahrhaftig zu leben. Wir sind so verhaftet in unseren eigenen Nöten und Sehnsüchten und verfallen immer wieder der Versuchung, mit dem Geliebten eine irdische Gemeinschaft bilden zu wollen, in der andere keinen Platz haben. Damit missachten wir nicht nur die Menschlichkeit der Ausgeschlossenen, sondern auch die des Geliebten. Und unsere eigene. Nun wäre es falsch zu meinen, die wahrhaftige, geläuterte Liebe sei ohne Begehren und Freude. Sie begehrt den Geliebten und erfüllt den Liebenden mit Seligkeit, aber ihr Begehren ist nicht irdisch und selbstsüchtig: Sie will, dass er lebt, sie erfreut sich an seiner Anwesenheit, aber sie möchte kein Haus mit einer Mauer bauen, um mit ihm darin zu wohnen und alles schön ordentlich zu halten. Sie lebt in einer anderen Zeit mit ihm.« Er begann auf einmal zu singen. »Wachet auf, ruft uns die Stimme! Der Wächter sehr hoch auf der Zinne ...« und die ganze erste Strophe durch. Er lief über und über rot an und machte doch tapfer weiter mit der zweiten Strophe: »Zion hört die Wächter singen, das Herz tut ihr vor Freude springen, sie wachet und steht eilend auf«, und so weiter.

Søren singt das Lied »Wachet auf, ruft uns die Stimme« von Philipp Nicolai aus dem Jahr 1599, auf dem die berühmte gleichnamige Kantate von Johann Sebastian Bach beruht. Søren Kierkegaard war Protestant und tiefgläubig. Viele seiner Schriften befassen sich mit der Frage, was es bedeutet, ein religiöses Leben zu führen.

Simone legte entnervt die Stirn in die Hand. Die anderen hielten inne und hörten ihm zu. Iris sah ihn verträumt an und als er fertig war, sagte sie: »Wie folgen wir der Aufforderung der Liebe … wie machen wir das?«

Simone übertönte sie: »Also Sørens Idee ist, dass Liebe erst geläutert werden und zu Nächstenliebe werden muss, bevor sie Teil einer moralisch guten Welt werden kann. Aber in der ersten Prämisse meines Arguments ist die Rede doch von exklusiver Liebe, und zwar nicht geläutert, sondern genau so, wie wir sie kennen. Mit anderen Worten: Die Liebe, die wir uns wünschen und ohne die uns die Welt öde erscheinen würde, ist nicht unbedingt Nächstenliebe. Sondern diese moralisch angeblich riskante, in einem *irdischen* Sinne begehrliche Liebe. Und deshalb muss auch diese Liebe Teil einer moralisch guten Welt sein.«

»Ja und es ist diese exklusive Liebe, die Menschen buchstäblich zum Überleben brauchen«, pflichtete Sigmund ihr bei. »Sie ist nicht nur wünschenswert, sondern *notwendig* für uns. Etliche psychologische Studien belegen zum Beispiel, dass Kinder ohne Elternliebe nicht richtig gedeihen. Sie zeigen viel weniger Interesse, ihre Umgebung zu erkunden, haben allgemein Lernprobleme und bauen nur schwerlich stabile Beziehungen auf. Es lassen sich sogar ganz konkrete körperliche Auswirkungen von Liebesentzug nachweisen: Das Wachstum solcher Kinder verzögert sich auffällig, auch wenn organisch und mit ihrer Ernährung ansonsten alles in Ordnung ist. Sie sind viel anfälliger für Krankheiten, sterben früher.« Er hob resigniert die Schultern. Iris stieß die Luft aus und es klang wie ein langes Seufzen.

~♥~

Es gibt in der Tat viele Studien zu diesem Thema. Manche beschäftigen sich mit Kindern, die in Krankenhäusern oder Heimen aufwachsen. Andere erforschen Phänomene wie »Non-Organic Failure to Thrive« und »Psychosocial Dwarfism«. Diese können durchaus auch Kinder betreffen, die bei ihren Eltern leben, dort aber zu wenig Liebe erfahren und deshalb (so die Vermutung) in ihrer Entwicklung gehemmt werden. Verändert man ihre Umgebung entsprechend, holen sie die Entwicklungsschritte nämlich oftmals recht zügig nach. Schließlich ist da noch die Forschung im Kontext der sogenannten »Attachment Theory«, die die Auswirkungen von bestimmten Beziehungsmustern zwischen Kindern und Eltern auf die soziale und intellektuelle Entwicklung der Kinder untersucht. Im Literaturverzeichnis finden sich genauere Angaben zu allen drei Unterbereichen.

~♥~

»Und wie stellt man sicher, dass in diesen Tests wirklich Liebe beziehungsweise die Abwesenheit von Liebe gemessen wird?«, erkundigte sich Simone. »Liebe korreliert ja vermutlich mit besonders guter Fürsorge. Ohne Liebe wird die Fürsorge sehr wahrscheinlich schlechter. Und vielleicht brauchen Kinder einfach diese hochwertige Fürsorge und nicht unbedingt Liebe. Ich meine, ich finde es zwar sehr plausibel, dass sie tatsächlich Liebe brauchen – es interessiert mich nur, wie die Studien das belegen wollen.«

»Das ist in der Tat nicht so einfach zu zeigen«, stimmte Sigmund zu. »Aber es gibt Fälle von Kindern, die in sehr gut geführten Krankenhäusern oder Kinderheimen aufwachsen, in denen die Fürsorge durchaus hochwertig ist. Und doch kann man auch dort beobachten, dass sie nicht gedeihen. Sie scheinen wirklich die Art von Aufmerksamkeit und *spezielle* Fürsorge zu brauchen, die nur von liebenden Personen bereitgestellt werden kann. Das müssen natürlich nicht unbedingt die leiblichen Eltern sein.«

»Verstehe«, nickte Simone. »Warum das wohl so ist? Was ist so besonders an liebender Aufmerksamkeit und Fürsorge, dass Kinder in dieser Weise darauf angewiesen sind?«

»Der Umstand, dass Liebesentzug zu Desinteresse an der Umwelt führt, könnte doch ein Hinweis sein«, überlegte Iris. »Wenn Kinder geliebt werden, haben sie viel mehr Lust am Lernen. Sie strecken ihre Fühler in alle Richtungen aus. Diese Lust treibt sie an und motiviert sie, alle möglichen Fähigkeiten auszubilden: erst die Hände nach dem Mobile ausstrecken, später krabbeln und laufen, alle möglichen Probleme lösen. Und natürlich sprechen. Ohne diesen Motor ist es dagegen viel schwieriger.

all das zu meistern. Man bleibt zurück. Es ist wie eine Art Depression: Man hat keine Lust auf die Welt und das demotiviert auch den Überlebensinstinkt und verlangsamt das körperliche Wachstum.«

»Aber *warum*?« Simone streckte die Arme zur Decke.

»Ich spekuliere mal weiter.« Iris legte die Hände um die Teekanne, um sich zu wärmen. »Liebende Eltern haben selbst Lust, die Welt mit ihren Kindern zu entdecken …«

»Ja!«, unterbrach Sokrates sie aufgeregt. »Das spricht doch für meine Theorie, liebe Leute! Liebe ist das Verlangen, mit dem Geliebten im Gespräch zu sein und gemeinsam die Welt zu verstehen. Liebende Eltern haben eben dieses Verlangen in Bezug auf ihre Kinder. Sie betrachten sie von Anfang an als Dialogpartner und sind begierig, ihre Perspektive auf die Welt zu verstehen. Die Kinder antworten auf dieses Verlangen, das ja wie eine Art Aufrufen ist. Eine Frage, die eine Antwort ersehnt. Und die Kinder übernehmen auch den elterlichen Blick auf sich selbst: Sie lernen sich selbst als Subjekte kennen, deren Gedanken und Äußerungen Gewicht haben und für andere interessant sind.«

»Die Welt wird also überhaupt nur deshalb interessant für uns, weil sich andere Personen für unsere Gedanken über die Welt interessieren?«, fragte Simone.

»Hm, ja, vielleicht ist das so …« Sokrates wiegte sich hin und her.

»Man könnte glatt auf den Gedanken kommen, die Welt zu verstehen wäre kein Selbstzweck für Menschen, sondern nur ein Mittel, um Beziehungen zu anderen aufzubauen«, provozierte Simone weiter.

»Ach, ich habe befürchtet, dass du in diese Richtung weiterdenkst«, antwortete Sokrates. »Und das ist eine interessante Hypothese, aber du weißt ganz genau, dass ich mich damit schwertun muss. Ich habe Erkenntnis ja zum Glück und damit auf jeden Fall zum Selbstzweck, ja, zum alleinigen Selbstzweck erklärt. Und ich bleibe dabei. Trotzdem kann ich so weit mitgehen: Dass Kinder von ihren Eltern geliebt werden, motiviert sie dazu, die Welt zu verstehen. Der liebende Blick ihrer Eltern lässt auch in ihnen die Erinnerung an die Ideen und an sich selbst als Seelen mit Ideenhunger wach werden.«

»Und was heißt das jetzt alles für unsere Streitfrage? Ist Liebe moralisch gut, schlecht, erlaubt, geboten, verboten, was weiß ich?« Max wurde wieder ungeduldig.

»Kurze Zusammenfassung des Bisherigen.« Iris nahm ihre Rolle als Moderatorin ernst. »Wir fragen uns, welchen moralischen Status die zwischenmenschliche Liebe hat. Einerseits gibt es Gründe, misstrauisch zu sein, weil Liebende ihre Geliebten auf eine Weise bevorzugen, die vielleicht nicht immer moralisch gerechtfertigt ist. Es scheint zur Liebe dazuzugehören, dass Liebenden die Moral in bestimmten Situationen egal wird. Andererseits tun wir uns schwer damit, die Liebe gedanklich aus einer moralisch absolut guten Welt zu verbannen – und zwar die *exklusive* Liebe und nicht nur die Nächstenliebe, die den Geliebten als Gleichen unter Gleichen ansieht. Irgendetwas an der ganz normalen Elternliebe, der Freundschaft und der romantischen Liebe scheint uns moralisch so wertvoll zu sein, dass wir sie auf jeden Fall in diese gute Welt mitnehmen würden. Möglicherweise hat es damit zu tun, dass wir diese Liebe zum Lernen und damit indirekt auch zum Überleben brauchen. Vor allem das Geliebtwerden. Aber wenn Sokrates recht hat, dann sowohl das Geliebtwerden als auch das Lieben selbst. Genauer: Das Geliebtwerden deshalb, *weil* es das Lieben zur Folge hat. Und jetzt gilt es, diese Pattsituation zu überwinden und wenn möglich ein eindeutiges Urteil über die Liebe zu fällen.«

»Du hast vergessen, dass wir auch noch über das Recht auf Liebe sprechen wollten!«, ergänzte Max. »Wenn insbesondere Kinder auf Liebe angewiesen sind, um zu gedeihen, dann liegt es nahe, dass sie ein Recht auf Liebe haben. Man hat ja ein Recht auf ähnlich überlebenswichtige Güter: Nahrung, Wasser, körperliche Unversehrtheit, gesundheitliche Grundversorgung und so weiter.«

»Ein Recht auf Liebe von jedem und jeder?!« Sigmund zog die Augenbrauen hoch.

»Nein, natürlich nicht. Man kann nicht einfach durch die Straßen gehen und erwarten, dass einen alle Passanten in diesem exklusiven Sinne lieben.

Aber vielleicht hat zum Beispiel jedes Kind ein Recht auf die Liebe seiner Eltern. Und vielleicht hat auch später jeder Mensch das Recht, zwar nicht von allen anderen, aber doch von *irgendjemandem* geliebt zu werden? Denn geliebt zu werden bleibt ja ein zentrales Gut für Menschen, auch wenn man schon erwachsen ist«, erläuterte Max.

»Wenn es ein Recht auf Liebe gibt, dann auch eine korrespondierende Pflicht«, stellte Immanuel fest. »Denn wenn man ein Recht auf etwas hat, muss man es ja bei irgendwem einklagen können. Wenigstens zu der exklusiven Liebe, um die es gerade geht, kann aber niemand verpflichtet werden, noch nicht einmal zu Elternliebe, weil man sie ja nicht unter Kontrolle hat. Sollen impliziert Können. Da man nicht auf Knopfdruck lieben kann, wann immer man lieben will, unterliegt man auch keiner Pflicht, zu lieben.« Er hielt kurz inne. Und fügte dann hinzu: »Jedenfalls auf den ersten Blick ...«

»Bei dir ist gerade ziemlich viel in der Schwebe, nicht wahr?« Sokrates sah Immanuel forschend an. Der regte sich nicht.

»Auf Knopfdruck kann man in der Tat nicht lieben. Aber das heißt nicht, dass man die Liebe *gar nicht* unter Kontrolle hat«, sagte Iris. »Man kann das Lieben schon üben. Und zumindest dazu haben zum Beispiel Eltern eine Pflicht. In der Mehrheit der Fälle gibt es außerdem keinen Grund, warum das Üben scheitern sollte. Wer es mit dem Üben ernst meint, wird auch lieben.« Sie betonte jedes einzelne ihrer letzten Worte.

»Und *wie* übt man das?« Immanuel beugte sich vor und riss erwartungsvoll die Augen auf.

»Nun …«, lächelte Iris. »Ich denke, die Kunst könnte dabei helfen.«

»Wie meinst du das?« Immanuel rückte auf die Stuhlkante.

»Wartet mal kurz!«, rief Simone dazwischen. »Stellt euch vor, jede und jeder würde tatsächlich von irgendjemandem ernsthaft geliebt. Gäbe es dann nicht möglicherweise eine Antwort auf dein See-Problem von eben?« Sie wandte sich an Augustinus. »In dem Fall hätten alle ihre speziellen Retter und Retterinnen in der Not. Unsere Anwältinnen und Anwälte, die auf unserer Seite stehen und unser Wohl im Blick haben, egal was geschieht. Ob sie gerade am Ufer stehen, wenn wir ertrinken – wörtlich oder im übertragenen Sinne –, wäre Glückssache, ähnlich wie die Stärke der Strömung an der Stelle, wo man gerade schwimmt. Könnte die Ungerechtigkeit damit nicht behoben werden? Jede und jeder hätte hier Zugang zu der besonderen Art von unbedingter Hilfeleistung, die der Liebe eigen ist. So könnte man erklären, warum wir der exklusiven Liebe Eintritt in eine moralisch gute Welt gewähren dürfen, warum wir nicht auf sie verzichten müssten, obwohl sie den Geliebten wie beschrieben bevorzugt. Wir müssten es eben nur so einrichten, dass wirklich alle geliebt werden …«

Augustinus legte die Stirn in Falten und wollte etwas einwenden, aber Immanuel kam ihm zuvor: »Und wenn wir wüssten, wie man die Liebe übt, ließe sich das womöglich tatsächlich einrichten. Iris, wie ist es jetzt mit der Kunst?«

Kapitel 8

Die Kunst des Liebens

Iris Murdoch erklärt, warum wir uns selbst vergessen müssen, um wirklich zu lieben.

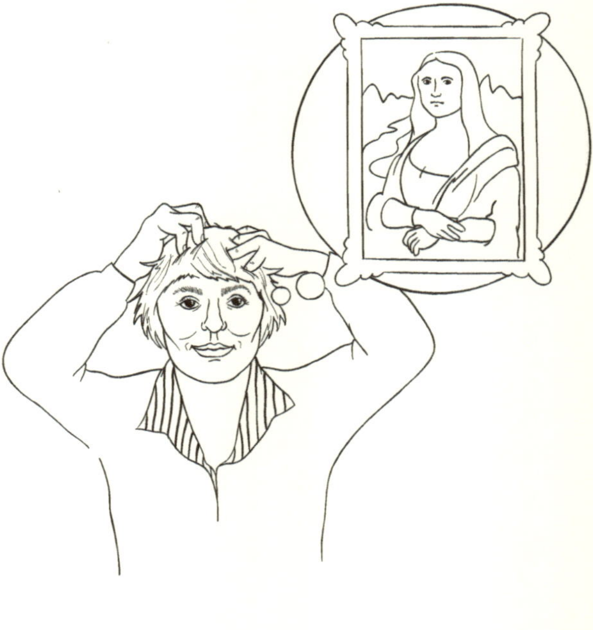

Iris schüttelte ihr Haar, bettete die Schläfen in die Hände, schloss kurz die Augen und begann: »Also. Das Gute an einem großen Kunstwerk ist, dass es jede und jeden aus sich selbst herausreißen kann. Man braucht dafür keine Vorkenntnis und noch nicht einmal eine entsprechende Absicht: Kunst dringt zu uns hindurch und wir betrachten sie automatisch immer auch um ihrer selbst willen, ohne weitere Zwecke im Sinn. Dabei geschieht es leicht, dass wir in einen Zustand der Versenkung geraten, in dem unsere Aufmerksamkeit ganz bei dem Gegenstand der Betrachtung weilt. Unser Geist ist vollkommen davon eingenommen und die Sorgen und Freuden, Lüste, Erwartungen und Ängste, die uns normalerweise umtreiben, ruhen für eine Weile. Man könnte es auch Selbstvergessenheit nennen, weil man eben nicht mehr von den eigenen Belangen absorbiert ist. Trotzdem ist dies ein Zustand, in dem man eigentümlich bei sich und alles andere als selbstentfremdet ist. Lustig: Wenn man sich selbst vergisst, kommt man zu sich.

Der Grund ist, dass wir die Welt in diesen Momenten objektiv sehen und die Realität Einzug in unseren Geist hält. Und in der Realität fühlen wir uns beheimatet. Normalerweise schränken diese alltäglichen, selbstbezogenen Belange unsere Sicht auf die Welt ein und verzerren sie zudem. Sie weben und verwickeln uns in Schleier von Illusionen. Die Leute, die nicht unmittelbar mit uns zu tun haben, sehen wir zum Beispiel nur halb oder gar nicht. Leute, vor denen wir Angst haben oder die wir begehren oder von denen wir uns etwas erhoffen, sehen wir dagegen wie durch farbige Tücher. Aber in Zuständen wie der erwähnten Versunkenheit fallen diese Schleier ab. Alles klärt sich.

Manchmal sagt man ja »Liebe macht blind«. In Wirklichkeit macht Liebe aber nicht nur nicht blind, sondern *sehend*. Denn wenn man jemanden liebt, dann sieht man ihn so klar und objektiv wie gerade beschrieben, frei von dem webenden Ego und seinen Nöten. Liebe geht mit dieser besonderen Art von Aufmerksamkeit einher, die der Versenkung in Kunst ganz ähnlich ist.

Eine andere Person so zu sehen ist allerdings nicht leicht, unter anderem weil man sich nicht spontan dazu entscheiden kann: Man hat das nicht unter Kontrolle, wenigstens nicht unter *direkter* Kontrolle. Und Liebe deshalb auch nicht ... darüber haben wir ja schon gesprochen. Die Schleier lassen sich nicht einfach ablegen, weil sie sich nicht als Schleier erkenntlich machen. Damit will ich sagen: Die blinden Flecken in unserer Sicht auf die Welt kennen wir nicht. Sonst *wären* es ja keine blinden Flecken. Wir sollten zwar davon ausgehen, dass wir alle solche blinden Flecken haben, aber wo sie genau sitzen – was verschleiert und in verzerrende Farben getüncht ist und was nicht –, das wissen wir nicht, solange sie existieren.

Trotzdem können wir etwas tun und müssen nicht einfach hilflos auf eine Intervention von außen, eine Art Erhellungserlebnis warten. Wir wissen nicht, wo unsere blinden Flecken jeweils sind, aber wir kennen ihre Ursache: ebendieses Ego. Wenn man lernt, unter welchen Bedingungen das Ego zur Ruhe kommt und mit dem Wickeln und Weben aufhört, kann man der Erhellung also auf die Sprünge helfen und so *indirekt* Einfluss nehmen. Und hier kommt die Kunst ins Spiel – bildende Kunst, aber auch gute Musik und Literatur. In den Momenten der Versunkenheit, in die sie ihre Betrachter und Zuhörer versetzt, vermittelt sie, wie es sich anfühlt, ganz bei einem anderen Gegenstand zu sein und richtig wahrzunehmen. Außerdem lernt man so den je eigenen Weg in die Konzentration kennen. Je öfter man sich großen Kunstwerken aussetzt, desto leichter fällt es dann, diesen Zustand auch in anderen Situationen herzustellen. Bis diese Art zu sehen zu einer zweiten Natur wird. Der Umgang mit Kunst kann uns stillschweigend transformieren, von Grund auf. Das könnte man auch ein Üben in Liebe nennen.«

»Und *warum* hat Kunst diese eigentümliche Macht – uns urplötzlich aus uns selbst herauszureißen ohne jede Vorbereitung oder Vorübung?!« Sigmund schien erstaunt.

»Nun, ich denke, es hat damit zu tun, dass wenigstens *große* Kunst ihrerseits ein Produkt einer Erhellungserfahrung ist: Künstlerinnen und Künstler bilden nach, was sie in Momenten der Klarsicht wahrgenommen haben. Die Kunst vereinfacht nicht, verallgemeinert nicht, abstrahiert auch nicht, oder wenn sie abstrahiert, dann *anders* als die Wissenschaften. Sie verweist auf die Dichte und Komplexität der Realität und jeder einzelnen Situation. Besonders der Realität anderer Menschen. Sie ist also eine Repräsentation des liebenden Blicks. Und weil wir von der Realität angezogen werden wie eine Motte vom Licht, folgen wir dem Blick der Künstlerinnen und Künstler, lassen uns von ihnen leiten, bis wir irgendwann auch ohne ihre Hilfe liebevoll wahrnehmen können«, erklärte Iris.

Immanuel saß immer noch kerzengerade auf der Stuhlkante und hörte aufmerksam zu: »Iris, du sagst, die Liebe gehe mit diesem besonderen Sehen *einher*. Daraus entnehme ich, dass sie noch mehr als nur Klarsicht ist? Neben dem klaren Blick gehört vermutlich noch Leidenschaft dazu? Ein Begehren nach dem Geliebten?«

Iris schien unentschlossen, also fuhr Immanuel fort: »Ich frage mich nur, wie Leidenschaft mit der Selbstlosigkeit zusammenpasst, die du dem klaren Blick zuschreibst. Ist Begehren nicht immer selbstbezogen? Wenn ja, gäbe es dann nicht einen unauflöslichen Konflikt innerhalb der Liebe? Selbstlosigkeit auf der einen Seite, Selbstbezogenheit auf der anderen ...«

»Nicht unbedingt«, erwiderte Iris langsam. »Es ist ja nicht so, dass man in dem Zustand der Versunkenheit kein Verlangen mehr hat. Im Gegenteil: In diesem Zustand geht uns oft erst auf, wie schön und gut der Gegenstand der Betrachtung eigentlich ist, und weil uns hier nichts zurückhält – weil profane Angelegenheiten wie Termine, Tagesabläufe, Karrierepläne, Verpflichtungen und dergleichen mehr ihre Zugkraft verlieren –, reagieren wir unmittelbar mit Begehren. Denn Begehren ist ja die passende Antwort auf das Schöne und Gute. Die Begierden des Egos sind dagegen nie wirklich auf das Schöne und Gute gerichtet, sondern wollen letztlich nur die eigenen Nöte lindern, die wir alle so gut kennen und die dazu führen, dass wir uns nur mit uns selbst beschäftigen. Die den Webstoff für die Schleier liefern.«

»Es gibt also mindestens zwei Arten von Begehren – das Begehren des objektiven Blicks und das Begehren des Egos. Würdest du Ersteres denn *selbstlos* nennen?« Immanuel wollte es genau wissen.

»Es kommt darauf an, was man mit ›selbstlos‹

meint.« Iris fuhr mit einem Zeigefinger über die Tischplatte, als ob sie unsichtbare Kreise malen würde. »Es gibt durchaus selbstloses Begehren – wenn man zum Beispiel ganz auf das Wohl eines anderen Menschen bedacht ist und sich ohne jedwede Hintergedanken wünscht, dass es ihm oder ihr gut gehen möge. Das Begehren des objektiven Blicks muss aber gar nicht unbedingt in *diesem* Sinne selbstlos sein: Wer eine Person begehrt, weil er ihre Schönheit und Güte sieht, will durchaus auch etwas für sich selbst. Er will ihr nahe sein, seinen Blick weiterhin so auf ihr ruhen lassen, seine Hand nach ihr ausstrecken. Diese Form von Selbstbezogenheit ist aber nicht problematisch, weil sie den Blick nicht verzerrt. Der Ursprung des Begehrens ist ja trotzdem die Realität des Geliebten und nicht das Ego, das nur seine eigenen Wunden lecken will. Leidenschaft und Objektivität müssen sich also nicht unbedingt ausschließen.«

»Angenommen, die Kunst hilft mir dabei, meinen Blick zu klären, wenn ich eine bestimmte Person betrachte. Sodass ich sie nun objektiv sehe. Dann resultiert das aber immer noch nicht unbedingt in Liebe, wenn ich da nichts Schönes und Gutes sehe, oder? Das Üben ist also nicht allein effektiv. Man muss auch Glück haben und der richtigen Person begegnen«, wollte Simone klarstellen.

»Nun, *jede* Person ist letztlich gut und schön«, entgegnete Iris mit sicherer Stimme. »Hinter ihrem webenden Ego verbirgt sich ein unersetzbares Wesen, ein Wesen mit Würde, wie wir es heute Morgen schon diskutiert haben. Der objektive Blick auf eine andere Person reicht also für Liebe aus – mit der Klarheit kommt das Begehren. Und deshalb kann man voller Hoffnung üben. Die meisten *wollen* andere ja auch lieben, Eltern vorneweg. Deshalb brauchen wir sie genau genommen gar nicht dazu verpflichten, wie wir eben diskutiert haben. Theoretisch spricht aus meiner Sicht zwar nichts gegen eine solche Pflicht. Aber wenn Eltern die Liebe zu ihren Kindern nicht sowieso von Anfang an verspüren, werden sie von ganz allein üben wollen, unabhängig von jeder Pflicht.«

»Suggeriert das nicht, dass das Ego nicht das einzige Hindernis für Liebe ist?«, beobachtete Augustinus. »Ich stelle mir gerade solche Eltern vor, die ihre Kinder gern lieben würden, aber nichts dergleichen verspüren. Zum Beispiel eine Mutter, die sich nach der Geburt nicht mit dem Baby verbunden fühlt und furchtbar darunter leidet. Ist es nicht unfair, ihr gleich Selbstbezogenheit vorzuwerfen? Kann das nicht einfach ein Resultat von einer Depression sein und ist ihr Wunsch nach Liebe nicht selbst schon ein Ausdruck von Selbstlosigkeit?«

»Puh, schwierige Frage«, Iris pochte nachdenklich mit den Fingern auf den Tisch, malte wieder ihre Kreise. »Mir fallen zwei mögliche Antworten ein. Erstens ist es nicht immer unsere eigene Schuld, in den Schleiern des Egos festzustecken. Depression kann durchaus eine Ursache dafür sein. Zweitens frage ich mich gerade, ob der Wunsch nach Liebe in solchen Beispielen nicht schon der leise Beginn der Liebe ist. Die Mutter sieht bereits, dass ihr Baby ein Wesen ist, dem Liebe gebührt – sie kann diesen klaren Blick nur noch nicht beständig und zuverlässig auf ihrem Kind ruhen lassen. Sie fällt immer wieder zurück in ein Meer von Ängsten und anderen Gefühlen, die ihr das dauerhafte Sehen schwer machen. Der Umstand, dass sie sich dessen bewusst ist, zeigt ja aber, dass sie auch schon richtig gesehen hat – sie kennt ihre blinden Flecken bereits, und das ist wie gesagt das Ende der Flecken. Sie weichen langsam, aber sicher auf … «

»Sag mal, sollte man eigentlich auf jeden Fall so viel wie möglich lieben? Klar sehen sollte man wenigstens so viel wie möglich, nicht wahr? Am besten die ganze Zeit. Die Realität vor Augen zu haben ist ja besser, als sich in Illusionen zu hüllen. Wenn Liebe und Klarsicht aber nun auf die Weise verbandelt sind, wie du meinst, würde daraus doch folgen, dass wir auch so viele Menschen wie möglich lieben sollten. Idealerweise *alle*, denen wir begegnen. Und wäre das nicht ein seltsames Ergebnis deiner Theorie?«, fragte Sigmund jetzt wieder.

»Warum seltsam?«, fragte Iris zurück und setzte ein unschuldiges Gesicht auf. »Alle Menschen sind liebenswert. Je mehr wir lieben, desto besser. Natürlich werden die meisten von uns nie in der Lage sein, wirklich jede und jeden zu lieben – das können höchstens Heilige.«

Sieben Köpfe drehten sich zu Augustinus. Der schüttelte betrübt den Kopf: »Leider nicht alle Heiligen …«

Sigmund bohrte weiter: »Aber es gibt doch Situationen, in denen man lieber nicht lieben sollte. Was ist denn, wenn man in einer unguten Beziehung steckt, in der man vielleicht sogar Gewalt erfährt. Die Liebe hält einen dort fest. Wäre es da nicht besser, wenn man die Liebe abschütteln könnte? Sollte man für solche Situationen nicht das *Ent-lieben* üben?«

Iris antwortete schnell und bestimmt: »Ob man eine Beziehung aufrechterhalten sollte ist eine andere Frage, als ob man weiterhin lieben sollte. Und ich glaube nicht, dass es wirklich die *Liebe* ist, die einen in solchen Situationen zum Bleiben bewegt. Denn die Liebe will doch, was für alle Beteiligten gut und gerecht ist. Und Gewalt tut weder dem Opfer noch dem Täter gut.«

»Du hast so ein positives Bild von der Liebe, Iris … Als ob Liebende nie fehlgehen könnten« Sigmund schüttelte ungläubig den Kopf.

»Aber natürlich können Liebende fehlgehen. Nur nicht *aus* Liebe. Ich glaube, das habe ich beim Mittagessen schon mal erwähnt: Die Liebe ist fast nie die einzige Bewegquelle in uns. Andere Motive schieben sich dazwischen und lenken uns ab und damit lässt sich die Gewalt erklären. *Wäre* die Liebe die einzige Bewegquelle, ja, dann würden wir nicht mehr fehlgehen. Liebe und tu, was du willst! Um es noch mal in Augustinus' Worten zu sagen. Augustinus hat vollkommen recht. Er ist nur noch nicht weit genug gegangen: Das gilt nämlich nicht nur für die Nächstenliebe, sondern für *jede* Liebe.«

»Vielleicht sollte man der Sicherheit halber hinzufügen: Liebe *und sonst nichts* – und *nur dann* tu, was du willst!«, schlug Max vor.

»Ich finde, Sigmund hat trotzdem einen Punkt«, nahm Simone den Faden wieder auf. »Es scheint auch ein Zuviel an Liebe zu geben. Versetzt euch mal in die Lage der Geliebten. Möchte man von seinem Liebsten nicht auf *besondere* Weise geliebt werden? So wie er eben *nicht* alle anderen auch liebt? Oder stellt euch vor, der Liebste würde sterben. Normalerweise verliebt man sich dann nicht sofort in eine andere Person – das geht meist gar nicht, das Herz ist noch lange nicht bereit dazu. Und hat diese Pause nicht ihre Berechtigung? Ja, ist sie nicht sogar erforderlich? Und wäre es nicht auch verständlich und völlig in Ordnung, wenn man *nie* wieder lieben würde?«, gab sie zu bedenken. »Oder reden wir aneinander vorbei, weil wir verschiedene Formen der Liebe im Sinn haben?«, fügte sie dann noch hinzu, weil sich Iris Zeit mit ihrer Antwort nahm.

»Ich glaube nicht ...« Iris dachte nach. »Ich rede ja auch von der ganz alltäglichen romantischen Liebe, der Elternliebe, der Freundschaft. Was sie gemeinsam haben und was überhaupt erst erklärt, *warum* das alles Formen der Liebe sind, ist der klare Blick, von dem ich gesprochen habe. Dein Einwand trifft also ins Schwarze und ich sollte eine Erklärung parat haben. Wie wäre es hiermit: Ich bleibe dabei, dass wir so viele Menschen wie möglich lieben sollten, das folgt ja aus meiner Theorie. Aber Liebe wird natürlich unterschiedlich gelebt, je nachdem, in welcher Lebenssituation wir uns gerade befinden und wie der Geliebte beschaffen ist. Die Liebe zu einem Kind müssen wir selbstverständlich anders ausdrücken als die Liebe zu einem Erwachsenen. Und während sich unsere Liebe zu manchen Menschen darin äußert, dass wir unser Bett und tägliches Brot mit ihnen teilen, lieben wir andere eher aus der Ferne. Was unsere Lebenspartner besonders macht, ist also nicht, dass wir sie mehr lieben als andere – sondern dass wir unsere Liebe zu ihnen auf diese besonders enge und intime Weise leben.«

»Und wie erklärst du das Trauer-Beispiel?«

»In ebendieser Weise. Wenn man um eine geliebte Person trauert, braucht man keine Pause von der Liebe selbst. Sondern nur von der gelebten Intimität.« Iris zögerte. »Bist du mit dieser Erklärung zufrieden?« Sie schien sich selbst unsicher zu sein und sah Simone inständig an.

Die wollte gerade antworten, als sich Søren meldete: »Die Liebe kann man gar nicht üben.« Er stockte, suchte nach Worten. »Selbstvergessenheit ist tatsächlich wichtig für die Liebe – aber wenn man sich darin übt, dann macht man sich nur für die Liebe *bereit*. Und das ist etwas anderes als die Liebe zu üben. Wenn man die Liebe üben könnte, dann sollte es eine Art Liebestechnik geben, deren Aneignung uns zu Liebes... Liebes*profis* macht. Solche Profis müssten systematisch besser als andere im Lieben sein und man könnte dann auch Vorhersagen darüber machen, wer wen lieben wird. Aber der Umstand, dass es solche Profis nicht gibt und sich solche Vorhersagen über die Liebe nicht machen lassen, sollte uns zu denken geben. Die Liebe ist ein Geschenk, für das man bereit sein kann oder nicht. Aber keine Technik.«

»Jemand, der sich bereit gemacht hat, kann also trotzdem leer ausgehen?«, fragte Immanuel und Iris überlegte, ob seine Stimme alarmiert klang oder ob sie sich das nur einbildete.

»Nun ... nein. Denn wer sich bereit macht, ahnt schon dunkel, dass ihm ein Geschenk gemacht wurde. Er spürt schon die Liebe in sich aufkeimen und das Bereitmachen ist bereits eine Antwort auf die Liebe«, sagte Søren.

»Also ist die Liebe deiner Meinung nach wirklich reine Glückssache? Gibt es nichts zwischen diesen beiden Polen – also zwischen Übung auf der einen Seite und Glück auf der anderen? Manchmal denke ich, es wäre alles einfacher, wenn wir eine Pille hätten, mit der wir die Liebe herstellen könnten, wann immer wir wollten. Dann müssten wir keine komplizierte Liebestechnik entwickeln, könnten die Strapazen der Übung umgehen und wären auch nicht völlig dem Schicksal ausgesetzt«, seufzte Simone.

»Um Gottes willen!« Augustinus schlug die Hände über dem Kopf zusammen und auch Søren sah ganz erschüttert aus. Max war geradezu entrüstet: »Eine Liebespille?! Simone, manchmal bist du einfach *zu* unromantisch.«

»War ein Witz! Habe ich doch nicht ernst gemeint! Aber jetzt interessiert mich doch, warum ihr das so schrecklich verwerflich fändet. Außer Søren wart ihr doch alle ganz angetan von Iris' Idee, dass man Liebe üben und in die eigene Hand nehmen kann. Eine Liebespille hätte den gleichen Effekt wie das Üben, wäre nur einfacher und schneller. Und mit solchen Pillen ausgerüstet, müsste man noch nicht mal eine Heilige sein, um alle Menschen lieben zu können!«

»Wie würde eine solche Pille überhaupt funktionieren? Wir haben doch schon besprochen, dass Liebe nicht einfach identisch mit bestimmten chemischen Prozessen im Gehirn ist ...«, überlegte Immanuel.

»Aber wir haben offengelassen, ob Liebe nicht doch chemisch verursacht werden kann, auch wenn sie nicht identisch mit chemischen Prozessen ist. Und eigentlich sind mir diese Details auch egal: Meine Frage hängt nicht daran, ob so eine Pille realistisch wäre. Sondern es geht eher darum, was so befremdlich an der Vorstellung von Liebe auf Knopfdruck wäre. Unabhängig davon, was

›Knopfdruck‹ hier genau bedeuten würde«, stellte Simone klar.

~♥~

»Love enhancing drugs« sind gar nicht so unrealistisch. Die in Kapitel vier erwähnten Hormone, die neuerer Forschung zufolge eine wesentliche Rolle für die Liebe spielen, kann man z. B. mit bestimmten Medikamenten verstärken. So gibt es Oxytocin schon in Form eines Nasensprays und Dopaminausschüttungen können bekanntlich auch durch MDMA verursacht werden. Eine Pille, die für dauerhafte Liebe sorgt, gibt es noch nicht, aber Wissenschaftler wie der Neuroethiker Anders Sandberg halten das für eine Frage der Zeit. Wie man das chemische Eingreifen in die Liebe bewerten soll, wird natürlich kontrovers diskutiert. Im Literaturverzeichnis stehen weitere Angaben.

~♥~

»Nun, hat das nicht auch damit zu tun, dass wir Liebe für eine bestimmte mentale Repräsentation des Geliebten halten? Als solche *wollen* wir sie gar nicht ernsthaft kontrollieren, jedenfalls nicht auf Knopfdruck. Bei Überzeugungen ist es genauso: Wir wollen ja, dass sie am Ende wahr sind und sich an der Realität orientieren. Und nicht an unseren eigenen Vorstellungen davon, was gut wäre zu glauben oder wer gut wäre zu lieben.« Immanuel hielt die Stellung.

»Dann erweitern wir das Gedankenspiel noch ein wenig. Was wäre, wenn wir auf Knopfdruck immer genau die Richtigen lieben würden. Wäre es dann nicht so, als ob man auf Knopfdruck immer gleich das Wahre glauben würde?«, rückte Simone weiter vor.

»Ja, aber man will doch die Richtigen lieben, weil man *sieht*, wie gut und schön sie sind – um es mit Iris' Worten zu sagen. Also weil man versteht, warum sie so liebenswert sind. Und genauso ist es mit Überzeugungen: Wir wollen mehr als Wahrheit, wir wollen die Wahrheit *verstehen«,* insistierte Immanuel und Sokrates, der sich länger bedeckt gehalten hatte, nickte an dieser Stelle heftig und rief: »Meine Rede, meine Rede!«

»Na, dann stellt euch noch vor, man würde auch immer gleich auf Knopfdruck verstehen, warum die Geliebten die Richtigen sind. Beziehungsweise warum die Überzeugungen wahr sind. Die Klarsicht würde sich einfach jeweils sofort und ohne jede Arbeit einstellen. Was bliebe dann noch zu wünschen übrig?«, rief Simone und ihre Stimme hatte wieder diesen leicht genervten Ton.

Die Runde war still, nur Max fauchte: »Quatsch. Wir wollen doch mit Leib und Seele an dem Prozess teilnehmen, an dem Übergang vom Nicht-Lieben zum Lieben. Oder von der Ignoranz zum Verstehen. Vom Dunkel zum Licht.«

»Stimmt«, pflichtete ihm Sigmund bei. »Dieser Prozess ist mit Lust verbunden, auch wenn er teilweise mühsam ist. Und dieses spezielle Lusterlebnis würde uns dann abhandenkommen.«

»Wenn wir üben oder uns für die Liebe bereit machen, dann sind wir es außerdem selber, die den Prozess vorantreiben. *Wir* sind die Autoren und Autorinnen unserer eigenen Geschichte. Auch daran sollte uns gelegen sein: Das Entfalten und Ausüben der eigenen Kräfte ist etwas Gutes … Die Aktivität selbst bedeutet Teilhabe an etwas Göttlichem«, grübelte Augustinus.

Das ließ Simone gelten und zog ihren Stift, um sich Notizen zu machen. Iris stimmte auch zu: »Ja, das eigene Ego muss man schon selbst überwinden.«

»Tsss, eine Liebespille würde gut in die heutigen Zeiten passen«, Max machte ein griesgrämiges Gesicht. »Alles muss schnell gehen und sofort passen, sonst wissen die Leute nicht, wohin mit sich. Das Zeitalter der Dating Apps, pah!« Dann legte er auf einmal beunruhigt die Hand auf den Bauch und verkündete lautstark: »Ich habe Hunger! Wann gibt es Abendessen?«

Kapitel 9

Dating Apps – der Ausverkauf der Liebe?

Die Gäste diskutieren über Dating Apps und die Kapitalisierung von Liebe in unserer Zeit.

Immanuel schnellte in die Höhe: »Das darf nicht sein, Max. Ich beeile mich mit dem Kochen! Und bis ich fertig bin, trösten uns Oliven und Salzstangen über den größten Hunger hinweg.«

»Können wir dir behilflich sein?«, fragte Sigmund und obwohl Immanuel den Kopf schüttelte, klatschte Iris in die Hände und rief: »Ab in die Küche! Wir kommen alle mit.« Die Gäste erhoben sich und angeführt von Iris zogen sie wie eine Karawane durchs Haus. Augustinus bildete das Schlusslicht und nahm sich Zeit mit den Treppenstufen: »Meine alten Knochen …«, grummelte er. Hilfe verbat er sich dieses Mal. In der Küche angekommen, führte ihn Immanuel zu einem Stuhl und bestimmte: »Du bist für die Unterhaltung zuständig, während wir schnibbeln. Was haltet ihr von Kartoffelauflauf?«

Bald schon herrschte ein reges Treiben, Schränke

wurden geplündert, Schubladen nach Messern durchforstet, Sokrates konnte sogar eine Schürze auftreiben. Augustinus öffnete eine neue Weinflasche und die Köche nippten von Zeit und Zeit an ihren Gläsern und probierten Oliven, wenn sie eine Pause machten oder nicht wussten, welches Gemüse als Nächstes an der Reihe war. Søren vertiefte sich ins Salatwaschen, füllte seine Hände mit grünen Blättern und ließ das Wasser lange durch seine Finger rinnen.

»Sokrates, darf ich mir kurz dein Handy ausleihen?«, bat Augustinus.

»Du sollst uns unterhalten und nicht im Internet surfen!«, ermahnte ihn Simone.

»Nun, ich dachte, ich schaue mir mal diese Dating Apps an und erzähle euch was darüber«, erklärte er. »Hat das nicht auch Unterhaltungswert?«

»Ach herrje«, stöhnte Max. »Wie langweilig.«

»Du bist doch unter anderem Soziologe, Max, das müsste dich doch interessieren?!« Augustinus hob erstaunt die Augenbrauen.

»Diese Apps sind meines Erachtens einfach eine Verirrung der heutigen Zeit. Wie ich eben schon gesagt habe: der stümperhafte Versuch, die Liebe mit den Mitteln der kapitalistischen Marktwirtschaft in den Griff zu kriegen.«

»Du bist immer so schnell in deinem Urteil, Max. Ist denn das Dating mithilfe solcher Apps so anders als das traditionelle Dating? Was ist das Problem? Und was ist daran *besonders* kapitalistisch?«

Simone schälte eine Kartoffel und pustete sich eine Haarlocke aus dem Gesicht.

»Gemach, gemach, lasst uns erst mal einen Blick darauf werfen«, beruhigte Augustinus. Sokrates reichte ihm sein Handy und Augustinus tippte unbeholfen »Dating Apps« in die Suchmaschine. Zu zweit über den Bildschirm gebeugt, diskutierten sie eine Weile hin und her. Endlich ließ sich eine App öffnen. »Wir werden einen Account erstellen müssen«, erklärten sie unisono. »Und dafür brauchen wir ein Foto. Gibt es Freiwillige?«

Als sich niemand meldete, griff Sokrates kurzerhand nach seinem Handy und machte in Windeseile einen Schnappschuss von Søren mit der Salatschüssel. Der protestierte erschrocken, ließ fast die Schüssel fallen und bekam rote Flecken im Gesicht und Nacken. »Sorry, Søren, aber du bist einfach sehr fotogen«, entschuldigte sich Sokrates. »Gleich löschen wir das wieder!«

Søren rang nach Luft, aber Sokrates und Augustinus waren schon fertig: »Hier! Sieht doch toll aus! Und jetzt schreiben wir noch: ›Hallo, ich bin Søren und offen für alles. Ich wohne in Kopenhagen, kenne mich aber auch in Berlin gut aus …‹« »Ah ja, das kommt immer gut!«, nickte Augustinus.

Sokrates schrieb weiter: »… und verweile zurzeit in Königsberg. Lese und schreibe gern … Noch irgendetwas?«

»Lese und schreibe gern?! Schnarch, sofort streichen!«, schrie Simone schrill.

»Vielleicht besser: Nachteule mit Tagträumen?«, grinste Iris.

»Absolut, das steht da jetzt. So, und jetzt swipen wir!« Sokrates hüpfte aufgeregt von einem Fuß auf den anderen. Das erste Foto erschien und wurde in der ganzen Küche herumgereicht. »Links! Zack!«, »Nein, nach rechts wischen! Das ist doch ein sehr nettes Gesicht. Hat Ähnlichkeit mit Regine!« »Ich tippe auf leicht hysterisch«, meinte Sigmund. In dem Stimmengewirr stiegen Søren Tränen in die Augen. Er drehte den anderen den Rücken zu und zerriss die großen Salatblätter.

Mit Regine Olsen war Søren Kierkegaard ein Jahr lang verlobt. Die beiden sollen ernsthaft verliebt gewesen sein, aber trotzdem löste Kierkegaard die Verlobung wieder auf – über die genauen Gründe wird weiterhin spekuliert. Regine war damals erst 16 und Kierkegaard 25 Jahre alt, und beide haben schrecklich gelitten. Als sich Regine später mit einem anderen Mann verlobte, reagierte Kierkegaard verletzt. Sie blieb wichtig für sein Denken und Schreiben. Er selbst hat sich nie wieder verlobt.

»It's a match!«, rief Sokrates schließlich völlig aus dem Häuschen. »Und noch eins! Und – das gibts doch nicht! Du bist so beliebt, Søren!«

»Wollen wir ein bisschen chatten?«, schlug Sigmund vor. »Diese Person hier finde ich interessant, und sie scheint sich mit Philosophie auszukennen. Könnten wir doch eventuell zum Abendessen einladen?«

»Wartet mal, das sollte ja nur ein Experiment sein. Damit wir ein Gefühl für diese Apps kriegen«, mahnte Augustinus. »Also – erste Eindrücke, meine Damen und Herren?«

»Mir fällt auf, dass der ganze Prozess unheimlich schnell ist«, begann Iris, an den Kühlschrank gelehnt. Sigmund schnappte sich das Handy und wischte weiter. »Man urteilt innerhalb weniger Sekunden, ob man links oder rechts wischt, beginnt zu chatten, trifft sich oft noch am selben Tag oder wenigstens so bald wie möglich. Und es würde mich nicht wundern, wenn die meisten beim ersten Treffen in diesem Modus verbleiben: Sie entscheiden ziemlich zügig, ob der Andere den Erwartungen entspricht und wie hoch die Erfolgsaussichten sind, und lassen ihn daraufhin entweder sofort wieder fallen oder eben nicht. Wahrscheinlich ist ein Grund dafür, dass man eine riesige Auswahl an möglichen Kandidaten zur Verfügung hat. Das erzeugt den Eindruck, dass es irgendwo eine perfekte Option gibt, die man auch finden kann, wenn man die App nur ausgiebig genug benutzt – ein Match, bei dem alles stimmt. Warum sollte man sich da lange mit jemandem aufhalten, der nicht gleich perfekt wirkt und den kennenzulernen Arbeit bedeuten würde? Arbeit, die man sich mit besseren Kandidaten ersparen könnte. Na ja, was soll ich sagen. Dieser Siebenmeilenstiefelmodus ist der Versenkung natürlich diametral entgegengesetzt, von der ich eben gesprochen habe und die meines Erachtens wesentlich für die Liebe ist. Zwar ist es nicht *unmöglich*, dass sich der Zustand der Versenkung trotzdem einstellt, entweder wider alles Erwarten sofort oder eben nach und nach, je öfter man sich trifft. Aber meine Sorge ist, dass die App die Vertiefung in den Anderen allgemein erschwert: Denn wenn man schon einmal in diesem schnellen Modus ist, lässt er sich nicht so leicht abschütteln. Die Liebe folgt einer anderen Zeitrechnung.«

»Ich sage es ja: Es ist, als ob man sich in einem sehr großen Supermarkt befinden würde, in dem man zwischen Tausenden von Produkten das richtige aussuchen muss«, rief Max. Er wollte weiter ausholen, wurde aber von einem Niesanfall unterbrochen: Neben ihm hantierte Immanuel mit einer großen Pfeffermühle.

~♥~

In ihrem Buch *Warum Liebe endet* beschreibt die Soziologin Eva Illouz die Begegnung auf Dating Apps als »Vorstellungsgespräch, das möglichst effizient ungeeignete Kandidaten aussortieren soll«. Dabei geht sie auf Studien ein, die Indizien dafür liefern, wie schnell insbesondere visuelle Bewertungen vonstattengehen.

~♥~

Augustinus übernahm: »Iris, eben hast du uns ja auseinandergesetzt, dass man in dem Zustand der Versenkung objektiv sieht, weil die Schleier des Egos abfallen. Verstärkt die App denn das Wirken des Egos und wickelt die Schleier noch dichter um uns? Nur, weil du ja meinst, dass sie die Versenkung erschwert ... «, erkundigte er sich.

»Hm, ich will nicht gleich den Stab über sie brechen«, antwortete sie. »Aber ja, ich denke, diese Gefahr besteht. Nicht nur wegen der Siebenmeilenstiefel. Sondern auch, weil uns die App zu einer gehörigen Portion Nabelschau verleitet. Wenn ihr mich fotografiert hättet, wäre ich nicht so bescheiden wie Søren und würde das Bild unbedingt sofort sehen wollen. Dann würde ich mir Gedanken darüber machen, ob es hübsch genug ist oder ob ich lieber etwas anderes anziehen, besser tiefgründig schauen oder eher sexy lächeln sollte. Dieses Bild soll ja der Lockvogel für andere App-Benutzer sein. Je öfter ich die App benutzen würde, desto öfter würde ich also über mich selbst und mein Image nachdenken. Ich würde versuchen, mich in die anderen Benutzer hineinzuversetzen, aber nicht um ihrer selbst willen, sondern um zu verstehen, wie sie mich sehen und was mich in ihren Augen attraktiv macht. Das ist natürlich exzellenter Stoff für mein Ego mit seinen Unsicherheiten und Ängsten. Wenn ich recht habe, dann gefährdet die App die Liebe eher, als ihr auf die Sprünge zu helfen.«

Augustinus stimmte ihr zu: »Ich fürchte, für mich

wäre diese App reines Gift!«, gestand er. »Ich würde vermutlich gar nicht mehr groß an Liebe denken, sondern einen Sport daraus machen, andere zu verführen. Ich war als junger Mann ziemlich gut darin: Sex macht unter anderem deswegen süchtig, weil das anfängliche Werben mit so viel Spannung verbunden ist. Wenn sich der Andere hingibt, hat man gewonnen, fühlt man sich stark und attraktiv und lebendig. Und man bekommt einen kurzen Einblick in ihre oder seine Gefühlswelt, etwas, das einem sonst immer verschlossen bleibt. Eine kurze, unverbindliche Verbindung, wie zwei Sterne, die kurz aneinander vorbeirasen.«

»Warum nennst du das Gift? Hat es nicht auch etwas Gutes, dass die App völlig offenlässt, wie, wann und warum man sich trifft? Man kann die große Liebe suchen, aber man kann sich auch nur zum Sex treffen oder einfach gemeinsam ausgehen und einen Abend um die Häuser ziehen. Irgendwie hat das doch etwas Befreiendes. Es gibt keine oder nur wenig Regeln bei dieser Form von Dating und so lassen sich auch ungute soziale Konventionen aufweichen. Theoretisch könnte es zum Beispiel Frauen dabei helfen, sich aus ihrer sexuellen Unmündigkeit zu befreien ...«, überlegte Simone.

Iris machte ein skeptisches Gesicht: »Das halte ich für unwahrscheinlich«, sagte sie und spuckte einen Olivenkern aus. »Frauen werden ja immer noch eher als Sexobjekte betrachtet und nicht als Sex*subjekte*, und Mädchen nicht zu sexueller Mündigkeit erzogen. Das habe ich von dir gelernt, Simone, und daran hat sich in letzter Zeit leider gar nicht viel geändert. Und solange sowohl Männer als auch Frauen bewusst oder unbewusst dieses Bild im Kopf haben – die Idee, dass der Wert einer Frau vor allem an ihrer Attraktivität für Männer bemessen wird –, tippe ich darauf, dass die App nichts zur Befreiung von Frauen beitragen wird. Im Gegenteil: Sie wird dazu führen, dass sich insbesondere Frauen penible Sorgen um ihr Image machen und verunsichert sind, wenn sie abgewiesen werden. Und dass sich Männer weiterhin vor allem um das Äußere von Frauen scheren und wie Jäger möglichst viele von ihnen abschießen möchten.« Ihre Stimme war zum Schluss immer lauter geworden und sie musste über sich selbst lachen: »Puh, was ist nur los mit mir?! Das muss der Wein sein. Ich bin ja eigentlich absolut *für* das Aufbrechen sozialer Konventionen in diesem Kontext. Für die freie Liebe. Ich glaube nur, dass die Befreiung nicht in diesen Apps liegt.«

Simone dachte nach: »Okay, du hast recht: Sozialer Wandel funktioniert anders. Wenn sich bestimmte Rollenbilder einmal in unseren Köpfen festgesetzt haben, dann wird man sie nicht allein dadurch los, dass man Gesetze und Regeln ändert und freier gestaltet. Das ist natürlich der erste Schritt, aber das Problem sind eben nicht *nur* die äußeren Zwänge. Die Gleichheit der Geschlechter vor dem Gesetz bedeutet ja auch noch nicht das Ende des Sexismus. Die inneren Vorurteile schüttelt man wahrscheinlich eher im Laufe von intensivem gesellschaftlichem Diskurs, von Aufklärung und Erziehung ab.«

»Eben«, meinte Iris. »In der Queer Community ist die App also möglicherweise weniger problematisch, weil es da *sowieso* schon andere Vorstellungen von Geschlechterrollen und Sexualität gibt.« Simone nickte und begab sich wieder an ihre Kartoffeln.

Da schniefte Søren: »Die App ist furchtbar!« Er rieb sich die Augen. »Seht ihr denn nicht, dass sie das Selbstverhältnis ganz gehörig verzerrt? Man betrachtet nicht nur den eigenen Körper, sondern auch die inneren Einstellungen – die Überzeugungen, Vorlieben, Sehnsüchte – ständig von außerhalb seiner selbst. Die gehören ja zum Image dazu und sollten für andere Benutzer erkenntlich und ebenfalls attraktiv sein. Also schreibt man sich selbst die Einstellungen zu, die man für allgemein ansprechend und modisch hält, und verbirgt und verleugnet, was sich einem eigentlich als wahr darstellt. Denn das deckt sich ja nicht in jedem Fall. Und darüber verliert man nach und nach das Gefühl für die eigenen Einstellungen und die Orientierung an der Wahrheit. Das ist hochgefährlich!«

»Deinem Verführer hätte die App jedenfalls gefallen, Søren«, bemerkte Sigmund, während er allerlei Gebäck für den Nachtisch auf einem großen Teller verteilte. »Aber eigentlich habe ich das Gefühl, dass ihr das Ganze zu ernst nehmt. Dating ist nun mal riskant, ob mit oder ohne App. Das Spiel der Verführung ist verführerisch, natürlich, und das sollte allen klar sein: Sowohl dass man selbst Spaß an der Verführung gewinnen als auch dass man verführt werden könnte. Also ernsthafte Emotionen für jemanden entwickelt oder sich öffnet, wenn der- oder diejenige ihre Emotionen nur vorspielt, um eine Eroberung zu machen.«

»Ach, wir sollten gar nicht so viel Angst davor haben, verführt zu werden.« Sokrates drehte Runden um den Küchentisch. »Es kann einem ja eigentlich gar nichts Besseres passieren, als dass man sich verliebt, denn auf diese Weise erinnert man sich an die ewigen Ideen in der eigenen Seele. Wenn der Verführer nichts empfindet, ist eigentlich *er* der Verlierer. Aber wie ich heute Morgen schon erklärt habe, wird er ja beim Anblick seines Opfers selbst in die Knie gezwungen. Denn die Liebe in den Augen des Verführten wird auch bei ihm die Erinnerung wachrufen. Erinnert ihr euch? So gewinnen also letztlich beide. Meine Sorge mit der App ist eher, dass sie kein besonders gutes *Mittel* für Verführung ist. Man verführt andere nicht mit Fotos, egal wie gut getroffen sie sind. Jedenfalls verführt man sie so nicht zur *Liebe*. Das kann erst im Gespräch geschehen, und auch nicht in jedem x-beliebigen, sondern in einem philosophischen Gespräch, in dem es um die wichtigsten aller Fragen geht – nur da zeigt sich die Schönheit der Anderen. Wir sind eben Geistwesen und springen daher letztlich nur auf geistige Herausforderungen an, und auf Gesten und Bewegungen, die Ausdruck geistiger Regungen sind. Der Körper ist letztlich nur als Ausdrucksform von Geist interessant für uns. Die reine Hülse wird schnell fad.«

»Die App lässt Gespräche aber doch durchaus zu, ja, lädt geradezu ein dazu?«, erwiderte Sigmund. »Und außerdem springt man oft schon deswegen auf ein Foto an, weil man in dem Gesichtsausdruck der abgebildeten Person eine geistige Regung entdeckt, die einen interessiert oder die einen an irgendetwas erinnert. So, dass man sich ihr verwandt fühlt. Das läuft meist unbewusst ab. Wir sind uns oft nicht sicher, warum wir ein Bild besonders anziehend finden. Bei anderen Begegnungen ist es übrigens ebenso: Auch bei Barbekanntschaften ist uns oft nicht klar, warum wir manche attraktiv finden und andere nicht. Hat natürlich viel mit unseren Müttern und Vätern zu tun …«

»Aber eine Bar ist kein Supermarkt!« Max haute entschieden auf eine dicke Zwiebel.

»Na ja, im Vergleich zu der App ist eine Bar vielleicht eher wie ein kleiner Laden an der Ecke. Aber auch das ist ein Geschäftsmodell. Soll heißen, auch da geht es beim Dating darum, sich in ein möglichst gutes Licht zu setzen und die anderen Anwesenden einem Check zu unterziehen: Hat die Potenzial oder lohnt sich das nicht? und so weiter. Warum ist die App so grundlegend anders?« Sigmund blieb trocken.

»Ja, und eigentlich ist die App noch ein bisschen

sicherer als eine Bar, weil man überhaupt nur dann kommuniziert, wenn es ein Match gibt und beide Interesse bekundet haben«, pflichtete ihm Simone bei.

»Die Größe macht *wohl* einen Unterschied«, insistierte Max und putzte sich die Nase. Die Zwiebel hatte es in sich. »Die schier unendliche Auswahl im Supermarkt lässt die einzelnen Produkte unwesentlich erscheinen, einfach ersetzbar und für schnellen Konsum gedacht. Das mag in Ordnung sein, wenn es um Müsli und Shampoo geht. Aber nicht bei Menschen. Die Liebe geht ja mit der Anerkennung der Unersetzbarkeit des Geliebten einher, darüber haben wir schon ausführlich gesprochen. Und das gilt natürlich auch noch, wenn man sich mithilfe der App trifft und verliebt. Aber die App erschwert den Prozess trotzdem: Weil sie den Anderen zunächst einmal als leicht ersetzbar darstellt, könnte es eine Weile dauern, bis man ihn dann endlich als unersetzbar erkennt. Bis dahin hat man das nagende Gefühl, man könnte etwas verpassen – eine noch bessere Option ein paar Swipes weiter. Ich sehe es also wie Iris: Die App behindert den Prozess des Verliebens eher, als ihn zu beflügeln.«

»Vielleicht geht es vielen App-Benutzern gar nicht unbedingt um Liebe.« Immanuel öffnete den Ofen und platzierte die Auflaufschale auf dem mittleren Blech. »Das würde erklären, warum sie ein Medium wählen, das in vielen Punkten nicht zu Liebe passt. Selbst wenn es ihnen um mehr als nur um Sex geht, dann eher um eine *funktionierende Beziehung*. Liebe kann Teil einer solchen Beziehung sein, muss aber nicht unbedingt. So eine Beziehung soll vor allem Spaß machen und zu der jeweiligen Peer Group passen, in der man sich bewegt. Vielleicht auch eine Basis für eine bürgerliche Existenz bilden. Und auch von Einsamkeit ablenken. Mit anderen Worten: Diese Art von Beziehung ist wie eine liberale Form der arrangierten Heirat. Hier treffen nicht die Familien die Entscheidung, sondern die Beteiligten selbst, aber sie treffen sie nach ähnlichen Kriterien und Liebe spielt nicht immer eine entscheidende Rolle. Für Romantiker ist das nichts ...«, lächelte er.

»Wo sind eigentlich die Romantiker? Hast du sie nicht eingeladen, Immanuel?«, fragte Max.

»Doch, das habe ich! Die Schlegels, Rahel, Bettina, Karoline ... Ich weiß auch nicht, wo sie bleiben. Aber sie verspäten sich ja immer ein bisschen.« Er zuckte ratlos mit den Schultern. Und fügte dann hinzu: »Meine Sorge mit der Dating App ist eigentlich eine ganz andere. Manchen von euch gefällt ihre Regellosigkeit, oder ihr habt wenigstens kein Problem damit. Mir macht sie eher Angst. Der Umstand, dass man die App zu allen möglichen Zwecken benutzen kann, führt bei den Beteiligten zu Unsicherheit: Was genau will die Andere von mir? Will sie nur Sex, oder will sie eine Beziehung, oder ist sie auf der Suche nach Liebe? Und was will *ich* eigentlich? Solange man das nicht jeweils ganz offen bespricht und entsprechende Vereinbarungen trifft, kann das schnell zu Missbrauch führen. Ich denke gar nicht unbedingt an absichtliche Verführung. Beim Mittagessen habe ich ja schon erwähnt, dass Sex meines Erachtens immer eines ganz bestimmten Vertrags bedarf, um moralisch zulässig zu sein. In dem Vertrag müssen die Partner ihre Absichten offenlegen und beide gleichermaßen als Sexobjekt *und* Sexsubjekt auftreten. In einer ungeregelten Situation, in der man die Absicht der jeweils anderen nicht kennt, kann man dagegen leicht zum alleinigen Sexobjekt degradiert werden – ein reines Mittel zum Zweck der Befriedigung. Das widerspricht aber unserer Würde als Menschen, wir dürfen einander nie nur als Mittel benutzen!«

2018 wurde in Schweden ein Gesetz verabschiedet, demzufolge alle Beteiligten explizit mit Worten oder Gesten ihre Zustimmung geben müssen, bevor sie legitim Sex haben. Das ist noch nicht ganz deckungsgleich mit Immanuels Vertragsentwurf, geht aber schon in eine ähnliche Richtung.

»Puh, wenn man immer erst einen Vertrag aufsetzen müsste, bevor man ins Bett geht, würde man ja die ganze Spannung killen! Das wäre erst recht unromantisch«, machte sich Sigmund Luft.

»Die Würde des Anderen ist wichtiger als Spannung. Und außerdem ist einander als Mittel zu benutzen auch nicht gerade romantisch«, erwiderte Immanuel erstaunlich hitzig und es wurde kurz still.

»Zeit für ein Zwischenfazit«, meldete sich Augustinus, um das Schweigen zu brechen. »Die App ... Meine Güte, wenn ich darüber nachdenke, haben wir fast nur Negatives zu verzeichnen. Der schnelle Modus ist problematisch, die Oberflächlichkeit der Kriterien, dass die anderen Benutzer wie ersetzbare Produkte in einem Supermarkt erscheinen, dass es keine Regeln gibt, die Missbrauch ausschließen, dass sie nicht zu sozialem Wandel beiträgt. War das alles? Habe ich etwas vergessen?«

»Ihr pessimistischen Kritikaster«, beschwerte sich Simone. »Ihr mögt ja in vielem recht haben, aber überlegt doch mal, was für ein Segen so eine App für Einsame ist, die sonst keine Möglichkeit haben, jemanden zu treffen. Zum Beispiel weil sie in ihrem Dorf keine Seelenverwandten finden oder weil sie immer bis spät nachts arbeiten müssen, wenn andere in Bars verkehren, oder weil sie krank und ans Bett gefesselt sind. Oder, oder.«

»Einsamkeit ...«, Augustinus schloss die Augen, »... macht rastlos. Friede mit euch.«

Simone öffnete den Ofen und rief: »Fertig? Abendessen?«

Da klingelte es an der Tür.

Kapitel 10

All You Need Is Love

Søren Kirkegaard hat ein Date.
Iris Murdoch fasst den Tag in Gedanken zusammen.

Eine große Frau betrat die Küche und sah sich still um. Ihre Augen waren wach, nur hin und wieder verloren sie fast unmerklich ihren Fokus und machten auf diese Weise einen abgewandten Eindruck. »Diesige Augen, versteckte Innerlichkeit«, dachte Sigmund bei sich. Er suchte nach Worten. Søren starrte sie unentwegt an und auch die anderen konnten sich nur schwer von ihrem Anblick lösen. Sie nahm die Aufmerksamkeit gelassen hin, als ob sie nichts anderes erwartet hätte, und drehte sich ruhig zu Immanuel um. Er hatte ihr die Haustür geöffnet und dann den Vortritt gelassen.

»Eine schöne Küche hast du«, lächelte sie.

»Diotima!« Sokrates stand wie angewurzelt hinter dem Küchentisch.

»Søren und ich sind ein Match«, erklärte sie, und in ihrer Stimme schwebte Verheißung. »Ich bin seiner Einladung gefolgt.«

»Sigmund?! Oh je, Sigmund hatte doch das Handy … das war Sigmund!«, stammelte Søren erschüttert. »Ich würde nie … so eine schreckliche App! Ich wünschte, ich hätte Sie unter anderen Umständen … ich … Es ist mir eine große Ehre!« Zum ersten Mal huschte ein Funken Glück über sein Gesicht.

»Bleibst du zum Essen?«, fragte Sokrates. Eine bessere Frage schien ihm nicht einzufallen. Sonst war er nicht leicht aus der Ruhe zu bringen, aber jetzt zitterten ihm die Knie unter der Tischplatte.

Diotima bejahte, und mit Tabletts und Salatschüsseln ausgestattet, machte sich die Gesellschaft auf zurück ins Esszimmer. Immanuel schob einen Stuhl für Diotima an den Tisch, man setzte und bediente sich, überall wurden Gespräche begonnen, abgelenkt, wieder aufgenommen. Die Stimmung war ähnlich aufgeheizt wie zu Beginn einer Feier, bei der man viele alte und neue Freunde sieht.

Sokrates und Diotima steckten die Köpfe zusammen und besprachen sich inständig. Søren schlich sich schüchtern neben die beiden und wartete schweigend, bis sie sich ihm zuwandten. Augustinus flüsterte Sigmund ins Ohr: »Offensichtlich ist sie also doch real? Donnerwetter!«, und Sigmund entgegnete: »Ich wollte erst meinen Augen nicht trauen, als sie auf der App erschien. Aber da war sie, klar wie die Sonne – so real wie wir alle.« Er zuckte mit den Schultern und Augustinus schüttelte den Kopf, als ob er es immer noch nicht glauben konnte.

An einem Ende des Tischs entspann sich eine Diskussion über Authentizität: Die Idee, dass das Handeln aus Liebe authentisch ist, weil man sich hier selbst ausdrückt, und dass Autonomie eigentlich in Authentizität besteht. »Was bedeutet es denn, sich selbst auszudrücken? Wer ist dieses Selbst eurer Meinung nach?«, fragte Immanuel.

»Jedenfalls macht Liebe kreativ«, mischte sich auf einmal Diotima ein. »Eros ist ein Gott mit Erfindungsgabe, der sich nicht abwimmeln lässt und nicht so leicht aufgibt. Er kommt allen zu Hilfe, die die Welt verändern wollen.«

»Wie jetzt?«, erkundigte sich Simone. »Mal ohne Metaphern. Also: Liebe hilft uns dabei, die Welt zu verbessern?«

»Das glaube ich inzwischen auch!«, rief Immanuel. »Solche Ideen sind doch heute schon mal durch den Raum geschwirrt: Liebe beginnt mit der Fixierung auf eine bestimmte Person, aber in der Folge weitet sich der Blick. Ist man aufmerksam, zeigt sich die Menschlichkeit des Geliebten auch in den Zügen der anderen Menschen. Liebe ist ein Motor für Gedanken über Gerechtigkeit.«

Alle wollten gleichzeitig antworten, riefen durcheinander. Simone zog ihre Zigarettenschachtel aus der Tasche und stellte fest: »Jetzt wird es politisch, Kinder.«

Iris fühlte sich auf einmal furchtbar müde. Niemand bemerkte, wie sie sich aus dem Zimmer und nach oben in ihre Dachstube schlich. Sie legte sich aufs Bett und streckte die Beine aus. Draußen war es längst dunkel geworden. »Vielleicht schneit es ja morgen …«, dachte sie, während sie die Augen schloss. Ihre Gedanken gingen hinüber zu dem vergangenen Tag, zu den Fragen, die aufgekommen waren. Sie begann, sich Notizen im Geist zu machen: »Sokrates meinte, dass wir uns in Menschen verlieben, wenn sie uns an die ewigen Ideen erinnern, die in uns schlummern und die wir nur vergessen haben. Die Geliebten helfen uns also auf dem Weg zur Weisheit. Dann hat ihm Max vorgeworfen, dass er die Unersetzbarkeit des Geliebten nicht erklären kann, wenn der Geliebte im Grunde nichts weiter als ein Mittel für die Liebende ist, ein Mittel zum Zweck der Weisheit. Wir haben alle Lösungsvorschläge gemacht, wie war das noch mal?« Sie überlegte angestrengt. »Ja, was ist Liebe eigentlich? Eine mentale Repräsentation des Geliebten, ja, das haben wir gesagt, nicht einfach ein Hormoncocktail im Gehirn. Aber wohl auch kein Urteil über die wertvollen Eigenschaften des Geliebten. Sigmund meinte, Liebe sei ein Trieb … der Eros-Trieb. Ich habe gesagt, sie sei ein Sehen. Hmmm. Und dann kamen wir zu den Robotern und ob man die lieben kann. So richtig nur, falls sie Bewusstsein haben, da waren wir uns alle einig. Aber reicht Bewusstsein, oder gehört noch mehr dazu? Müssen sie zum Beispiel ihrerseits liebesfähig sein, bevor man sie wirklich lieben kann? Aber worin besteht Liebesfähigkeit? Das war gar nicht so leicht zu bestimmen.«

Sie ließ ihre Fußgelenke kreisen, während sie weiterdachte: »Dann ging es auch um Liebe und Autonomie beziehungsweise um Liebe und Glück: Macht Liebe glücklich, oder schadet sie unserer Autonomie? Beides kann ja wohl nicht sein, denn Autonomie gehört ja zum Glück dazu. Sagt jedenfalls Simone und mir leuchtet das ein. Sokrates hatte ein paar interessante Ideen zur Autonomie. Wie war das noch ...« Sie setzte sich auf und zog Notizbuch und Kugelschreiber aus dem Koffer. Mit dem Stift in der Hand fiel es ihr leichter, sich an die Details zu erinnern.

»Ach, und Augustinus hat sich Sorgen gemacht, dass Liebe moralisch problematisch ist, weil sie den Geliebten in ungerechter Weise bevorzugt. Also die exklusive Liebe! Für die Nächstenliebe gilt etwas anderes ... meint er. Aber Søren glaubt, dass in jeder Liebe ein Funken Nächstenliebe steckt. Immanuel und ich haben später diskutiert, ob es ein Recht auf Liebe gibt. Er schien sich auf die Idee einzulassen, dass man Liebe möglicherweise üben und es dann auch eine Art Liebespflicht geben kann. Ich habe den anderen von der Kunst erzählt, wie sie dabei hilft, die Liebe zu üben. Oh ha, das war ein Vortrag aus dem Stegreif, aber ich glaube, sie haben verstanden, wie ich das meine?« Die Augen fielen ihr wieder zu, sie legte sich zurück aufs Kissen.

»Und die Dating Apps!« Sie musste lachen. »Der arme Søren ... Wer hätte gedacht, dass es Diotima wirklich gibt. Obwohl, eigentlich war mir das schon immer klar.« Sie gähnte. Im Treppenhaus waren jetzt Stimmen zu hören.

»Warum musste sie denn gehen?«, hörte sie Søren fragen. Er klang etwas kläglich. »Sie bleibt nie lange ... Aber keine Sorge, sie kommt immer wieder«, tröstete ihn Sokrates. Es war kurz still, dann fügte Sokrates hinzu: »Hier, das ist ihre Nummer«, und Søren bedankte sich aufgeregt.

Unten schlug die Tür zu. Iris hörte jemanden die Treppe zurück nach oben und wieder ins Esszimmer gehen. Es musste Immanuel sein, denn jetzt vernahm sie seine Stimme: »Aber ihr bleibt hoffentlich noch. Es gibt noch so viel zu besprechen, wir haben ja gerade erst angefangen! Bleibt, so lange ihr wollt. Ach, bitte bleibt für immer.«

Wenig später ertönte Musik, die Stühle wurden gerückt, Gelächter schallte durchs Haus, Max sang laut mit und Augustinus rief: »Wer tanzt mit mir?«

»Immanuel, mein lieber Freund ...«, lächelte Iris schlaftrunken und bewegte ihre Zehen im Takt: »All you need is love ... «

Dank

Als ich elf war, hatte ich einen philosophischen Freund: Vittorio. Er war Philosophieprofessor und ein Freund der Familie. An den Wochenenden besuchte er uns manchmal. Als er hörte, dass ich gerade *Sofies Welt* las, und weil ich ihn mit Fragen zu Platons Ideen löcherte, schrieb er mir einen Brief. Darin erzählte er von einem Café, in das er durch Zufall geraten war und in dem sich alle möglichen Philosophinnen und Philosophen aus allen möglichen Zeiten versammelten und diskutierten. Ich antwortete mit einem eigenen Brief: Auch ich hatte Bekanntschaft mit einem geheimnisvollen Mann in Toga gemacht. So ging es weiter, Vittorio traf seine Freunde in seinem Café, und ich traf die Philosophinnen und Philosophen in Parks oder Bahnhöfen, je nachdem, wo ich mich gerade aufhielt. Wir schrieben uns hin und her. In gewisser Weise ist dieses Buch auch eine Fortsetzung dieser Treffen.

Ohne die Unterstützung meiner Liebsten und

meiner zwei tollen Lektor*innen hätte ich das Buch nie schreiben können, deshalb möchte ich mich hier bei ihnen bedanken: Bei Andy, Cordelia und meinen Eltern für ihre hilfreichen Kommentare zu diversen Entwürfen, für ihre Zeit und ihre Liebe. Und natürlich bei Anja Hänsel und Martin Kulik vom Piper Verlag, die den Prozess von Anfang an begleitet, immer wieder probegelesen und zahlreiche wichtige Impulse gegeben haben. Das Arbeiten mit euch hat sehr viel Spaß gemacht! Außerdem möchte ich mich bei Martina Frank für ihre wunderbaren Zeichnungen bedanken.

Das Buch ist meinem Sohn Emanuel gewidmet, weil ich es in seinem ersten Lebensjahr geschrieben habe, während er schlief oder während ihn sein Vater auf dem Arm hatte, und weil er mein Augapfel ist. Wir kennen jetzt den frühen, frühen Morgen und unzählige Kinderlieder, wir wissen, wie weh Müdigkeit tun kann, und wünschen uns auf einmal, dass das Leben lang sein möge. So ist die Liebe: Sie verändert alles.

Literatur

Zentrale Werke der Philosophinnen und Philosophen in diesem Buch

Platon:
Lysis
Das Symposion
Phaidros

Augustinus:
Die Bekenntnisse (397–401 n. Chr.)
Selbstgespräche (386)
De Doctrina Christiana (397, Band 4: 426)

Immanuel Kant:
Die Grundlegung zur Metaphysik der Sitten (1785)
Kritik der Praktischen Vernunft (1788)
Die Metaphysik der Sitten (1797)

Søren Kierkegaard:
Entweder – Oder (1843)
Die Taten der Liebe (1847)

Sigmund Freud:
Drei Abhandlungen zur Sexualtheorie (1905)
Jenseits des Lustprinzips (1920)

Max Scheler:
Der Formalismus in der Ethik und die Materiale Wertethik (1913–16)
Wesen und Formen der Sympathie (1923)

Simone de Beauvoir:
Pour une morale de l'ambiguïté (1947)
Das andere Geschlecht (1949)

Iris Murdoch:
The Sovereignty of Good (1970)
Acastos – Three Platonic Dialogues (1986)
Metaphysics as a Guide to Morals (1992)

Weiterführende Literatur

Essays über Platons Liebesdialoge

Nussbaum, Martha, 1986: *The Fragility of Goodness – Luck and Ethics in Greek Tragedy and Philosophy,* Cambridge University Press

Horn, Christoph (Hrsg.), 2012: *Platons Symposion,* Akademie Verlag (*Einige Thesen, die Sokrates im ersten Kapitel vorträgt, führe ich genauer aus in meinem Beitrag in diesem Band.*)

Literatur über das Wesen der Liebe und das Unersetzbarkeitsproblem

Velleman, David, 1999: »Love as a Moral Emotion«, in *Ethics*, Vol. 109/2

Kolodny, Niko, 2003: »Love as Valuing a Relationship«, in *Philosophical Review*, 112/2
Frankfurt, Harry, 2004: *The Reasons of Love*, Princeton University Press
Jollimore, Troy, 2011: *Love's Vision*, Princeton University Press

Literatur zu Augustinus' Gedanken über Liebe

Arendt, Hannah, 2018: *Der Liebesbegriff bei Augustin: Versuch einer philosophischen Interpretation*, Frankfurt a. M.: Meiner

Literatur zu Liebe und Biologie

Fisher, Helen, 2004: *Why We Love: The Nature and Chemistry of Romantic Love*, New York: Henry Holt & Co
Jenkins, Carrie, 2017: *What Love Is and what it could be*, New York: Basic Books

Literatur zu Sigmund Freud und Libido

Lear, Jonathan, 1999: *Love and its Place in Nature – A Philosophical Interpretation of Freudian Psychoanalysis*, New York: Yale University Press
Lear, Jonathan, 2015: *Freud*, London: Routledge

Literatur zur Sozialität von Säuglingen

Stern, David N., 2019: *The Interpersonal World of the Infant – A View from Psychoanalysis and Developmental Psychology*, London: Routledge

Mehr Informationen zum Turing-Test:

Oppy, Graham and Dowe, David, »The Turing Test«, *The Stanford Encyclopedia of Philosophy* (Spring 2019 Edition), Edward N. Zalta (ed.), https://plato.stanford.edu/archives/spr2019/entries/turing-test/

Literatur über Liebe zwischen Menschen und Robotern

Wennerscheid, Sophie, 2019: *Sex Machina*, Berlin: Matthes & Seitz

Literatur zum Unterschied zwischen Personen und Sachen

Nida-Rümelin, Martine, 2006: *Der Blick von Innen*, Frankfurt a. M.: Suhrkamp

Honneth, Axel, 2015: *Verdinglichung*, Berlin: Suhrkamp

Literatur über Liebe und Autonomie

Kreft, Nora, 2018: »Love and Autonomy«, in Grau, C., Smuts, A. (Hrsg.), *The Oxford Handbook on the Philosophy of Love*, Oxford: Oxford University Press

Literatur zu Liebe und Moral, insbesondere auch zum See-Beispiel

William, Bernard, 1981: »Persons, Character, and Morality«, in *Moral Luck*, Cambridge: Cambridge University Press

Wolf, Susan, 2012: »One thought too many: Love, Morality, and the Ordering of Commitment«, in U. Heuer & G. Lang (Hrsg.), *Luck, Value, and Commitment: Themes from the Ethics of Bernard Williams*, Oxford: Oxford University Press

Setiya, Kieran, 2014: »Love and the Value of a Life«, in *Philosophical Review*, 123/3

Literatur zum Recht auf Liebe

Liao, S. Matthew, 2015: *The Right to be Loved*, Oxford: Oxford University Press

Psychologische Studien zu Liebe und kindlicher Entwicklung

Kristiansson, Bengt, and Fallstrom, Sven P., 1987, »Growth at the Age of 4 Years Subsequent to Early Failure to Thrive«, *International Journal of Child Abuse and Neglect* 11/1.

Carlson, Elizabeth A., and Sroufe, L. Alan, 1995, »Contribution of Attachment Theory to Developmental Psychopathology«, in *Developmental Psychopathology*, ed. Dante. Cicchetti and Donald K. Cohen, New York: Wiley

Bos, Karen et al., 2011, »Psychiatric Outcomes in Young Children with a History of Institutionalization«, *Harvard Review of Psychiatry* 19/1.

Luby, Joan L., et al., 2012, »Maternal Support in Early Childhood Predicts Larger Hippocampal Volumes at School Age«, *Proceedings of the National Academy of Sciences* 109/8

Literatur zu Iris Murdoch über Liebe

Milligan, Tony, 2013: »Love in dark times: Iris Murdoch on openness and the void«, in *Religious Studies,* Vol. 50/1

Setiya, Kieran, 2013: »Murdoch on the Sovereignty of Good«, in *Philosophers Imprint,* 13

Literatur zu »Love Pills«

Earp, Brian D., 2019: »Love Enhancement Technology«, in C. Grau & A. Smuts (Hrsg.), *Oxford Handbook on the Philosophy of Love,* Oxford: Oxford University Press

Literatur zu Liebe, Kapitalismus und Dating Apps

Illouz, Eva, 2012: *Warum Liebe weh tut,* Berlin: Suhrkamp

Illouz, Eva, 2018: *Warum Liebe endet*, Berlin: Suhrkamp